城市社区治理与服务创新研究

宰晓娜　李文靖　著

中国商业出版社

图书在版编目(CIP)数据

城市社区治理与服务创新研究 / 宰晓娜，李文靖著
. -- 北京：中国商业出版社，2023. 7
ISBN 978-7-5208-2540-5

Ⅰ. ①城… Ⅱ. ①宰… ②李… Ⅲ. ①城市一社区管理一研究一中国②城市一社区服务一研究一中国 Ⅳ. ①D669. 3

中国国家版本馆 CIP 数据核字(2023)第 130506 号

责任编辑：朱丽丽

中国商业出版社出版发行

(www. zgsycb. com 100053 北京广安门内报国寺 1 号)

总编室：010-63180647 编辑室：010-63033100

发行部：010-83120835/8286

新华书店经销

优彩嘉艺(北京)数字科技有限公司印刷

*

787 毫米×1092 毫米 16 开 7. 75 印张 219 千字

2023 年 7 月第 1 版 2023 年 7 月第 1 次印刷

定价：38. 00 元

* * * *

(如有印装质量问题可更换)

前　言

城市社区是一定区域内由特定生活方式并且具有成员归属感的人群所组成的相对独立的社会共同体。城市社区结构的变迁必然引发城市社区治理模式的创新转型，从20世纪90年代开始，我国逐步开始尝试城市社区治理模式转型发展试点，以此带动城市社区治理体制改革，历经20余年，积累了丰富的经验，也遭遇着创新的“瓶颈”，打破困囿，促进社区治理与服务水平的创新势在必行。

本书着重分析当下中国社会城市社区治理的基本模式与体系，城市社区建设和治理方式的变化，以及社区服务创新治理等内容，研究目前我国城市基层社区服务管理体制改革的必要性，以及应当遵循的基本原则，同时以多个城市实施社区服务管理体制创新为蓝本，剖析其组织架构、运行成本和实际效益，通过探讨其实践的价值以实现政府治理与居民自治之间的有机融合，实现社区服务管理的科学化、规范化、民主化。本书从理论层面具体对社区、社区服务、城市社区等内容进行了简单介绍，从实践层面上对城市社区的治理模式、体系、城市社区公共服务治理系统的概念基础、城市社区公共服务治理系统的优化策略设计、城市社区治理与服务创新等内容进行了详细研究。

本书力求能够充实社区治理与服务创新内容，夯实我国城市基层社区治理体制改革的理论基础，同时，在社会管理学领域内进行社区服务创新研究能够拓展社会管理理论研究的视野和宽度，促进我国社区治理与服务创新的实践发展。

本书在撰写的过程中，参阅了很多专家学者的著作，在此表示感谢，由于作者水平有限，书中难免会有不足之处，望广大读者予以批评指正！

本成果得到广西民族师范学院2021年校级重点学科社会学资助。

作　者

2023年1月

目　　录

第一章　社区概述

社区，作为社会的细胞，是公共治理的基本单位，是一个具有多重功能的地域性社会生活共同体。随着我国社会政治、经济、文化的发展和城市化进程的快速推进，社区在城市经济社会发展中的地位和作用越来越重要。建设和发展城市社区，已成为新时期[①]我国公共管理和社会治理创新研究的一项重大课题。

第一节　社区的概念

"社区"一词，作为社会学的一个基本概念，起源于西方社会，是与工业革命后西方世界的工业化、城市化[②]以及现代化进程相伴随而出现的。它作为一个正式的学术术语，1871 年首次出现在英国学者梅因（H. S. Maine）的《东西方乡村社区》一书中。[③] 1887 年，德国社会学家滕尼斯（Ferdinand Tonnies）在其出版的《社区与社会》（*Gemeinschaft and Gesellschaft*，也译为《共同体与社会》或者《礼俗社会与法理社会》）一书中将社区正

① 本书中的新时期、新时代，主要从党的十八大召开之后算起。

② 城镇化、都市化和城市化，在英文里都是一个词（Urbanization），中国目前统一使用"城镇化"。其实，这三者的基本内涵是一致的，只是外延略有差异。政府文件之所以统一使用"城镇化"，或许更多的是为了强调大中型城市与小城镇的协调发展。对此，本书中不作严格区分，特此说明。

③ 袁秉达，孟临. 社区论［M］. 上海：中国纺织大学出版社，2005：2.

式用于社会学理论研究之中。此后，美国学者查尔斯·罗密斯（C. P. Loomis）在其著作《社会学的基础概念》一书中，[1] 将德语的“Gemeinschaft”翻译为英文的“Gommunity”。自此，“社区”一词产生并在学术界和社会各领域得到了广泛的普及与应用。在滕尼斯看来，“社区”（Gemeinschaft），也称为“共同体”或“礼俗社会”，是基于亲族血缘关系而结成的社会联合，而“社会”（Gesellschaft），也称为“法理社会”，是基于人们之间的契约关系和“理性的”意志所形成的社会联合。在本质特征上，“社区”（Gemeinschaft）为本质意志，其社群意志是通过社区和睦、伦理习俗、宗教等来表现的，而“社会”（Gesellschaft）是选择意志，其社群意志则表现为惯例公约、政治、公共舆论等。在二者的关系上，用滕尼斯的话来说就是“在共同体里，分离中仍保持着结合；在社会里，结合中仍有所分离”[2]。而在此之前，社区与共同体二者在概念上并无明显分化。因此，正式概念上的“社区”提出，应是滕尼斯的贡献。

关于社区的定义，学术界一般都是从滕尼斯的界定开始研究，但其从德文的“Gemeinschaft”翻译到英文的“Community”[3]，再进而翻译为中文的“社区”一词，其间难免会发生意义的流失或转意，当然，也不免有意义的增加、发展与完善。滕尼斯在《社区与社会》一书中，认为社区是由若干亲族血缘关系而结成的社会联合，即共同体。[4] 后来，经过帕克（Robert Ezra Park）、伯吉斯（E. W. Burgess）、埃弗里特·M. 罗吉斯（Everett M. Rogers）、邓肯·米切尔（G. D. Mitchell）、希勒拉利（George A. Jr. Hillery）等的持续研究与发展，社区的含义也愈发丰富，如对空间或地域关注等。[5] 到 1981 年，有关社区的定义，美籍华人杨庆堃就已检索出 140 多种，代表性定义如表 1－1 所示。

---

① 张康之，石国亮. 国外社区治理自治与合作［M］. 北京：中国言实出版社，2012：17.

② ［德］滕尼斯. 共同体与社会［M］. 林荣远，译. 北京：商务印书馆，1999：77.

③ 一般认为，1887 年滕尼斯在《共同体与社会》中首次提出“共同体”（Gemeinschaft）概念，并作出解释。到 20 世纪初，罗密斯（C. P. Loomis）首次把《共同体与社会》译为 *Fundamental Concept of Society*（《社会学的基础概念》）。此后，罗密斯再次把书名改译为 *Community and Society*（《社区和社会》）。自此，德文单词 Gemeinschaft 也就变成 Community 这一英文表达形式，从此，“社区”这一专业词语便产生了。

④ 蔡禾. 社区概论［M］. 北京：高等教育出版社，2005：2－3.

⑤ ［美］帕克，等. 城市社会学［M］. 宋俊岭，等译. 北京：华夏出版社，1987：110；［美］埃弗里特·M. 罗吉斯，拉伯尔·J. 伯德格. 乡村社会变迁［M］. 王晓毅，王地宁，译. 杭州：浙江人民出版社，1988；蔡禾. 社区概论［M］. 北京：高等教育出版社，2005：3.

表 1－1　国外学者关于社区的代表性定义

代表性学者	社区定义
滕尼斯	社区是由同质人口组成的关系亲密、守望相助的小共同体
麦基文	社区是指任何人们共同生活的区域：村庄、城镇或地区、国家甚至更广大的区域。任何社区都在风俗、传统、生活方式等方面具有一定程度的区别性的标记和特征
帕克	社区是占据在一块被或多或少明确地限定了的地域上的人群汇集
桑德斯	社区是一种社会互动的场域
道特森	社区是具有认同感和归属感的人组成的生活的空间或地域单元
古达尔	社区既是为居住和工作而占有分享有限地域空间的互动人群，又代表着包容社会日常生活主要特征的最小空间系统

资料来源：汪波，苗月霞，梁莹．城市社区管理体制创新研究——行政、统筹、自治之三元复合体制．转引自原珂．中国特大城市社区冲突与治理研究［D］．天津：南开大学，2016.

但整体来看，关于社区的权威理解主要有两种：一种认为社区是居住在相对紧凑和接近区域内的许多家庭和个人的聚合体。注重强调社区内的人、地域空间、相互性的社会影响等因素；另一种是将地域性社区和功能性社区分开，认为社区是“由那些有共同兴趣、爱好或职业的人群所组成的共同体，如宗教信仰、教育等”①。时至今日，随着社会的进一步发展，国外学者对“社区”一词的含义还在不断发展与丰富之中。

社区是指聚居在一定地域范围内的人们所组成的社会生活共同体。由此可知，社区不单是一个简单的物理空间概念，而是具有频繁互动关系和一定认同感的“共同体”。这一界定得到了国内各界的一致认可。何肇发认为，我们应该界定一个非常宽泛的社区概念，即社区就是区域性的社会。② 蔡禾在其基础上进一步指出，社区应是人类生活共同体。③ 但不论如何界定，国内大多数学者对社区的定义都包含以下几个基本要素，即一定的地域空间、人群、利益、情感联系与价值认同等。然而，改革开放以来，特别是进入 21 世纪后，伴随着中国整体社会经济的深化转型与现代社区的不断发展，上述基本要素也逐渐发生着微妙的变化，多样化的利益与诉求、多元情感、价值和认同等已愈发成为现代社区的

① 原珂．广州市社区治理模式研究［D］．广州：华南理工大学公共管理学院，2013：14.

② 何肇发．社区概论［M］．广州：中山大学出版社，1991：3.

③ 蔡禾．社区概论［M］．北京：高等教育出版社，2005：4.

重要特征。[①] 因此，在本书中，综合上述国内外学者对社区的界定，认为现代社区是指由建立在一定地域基础上，具有多元利益诉求、多元情感、价值和认同的社会群体而形成的人类生活聚合体。[②] 城乡社区均不例外，且这些特征在现代城市社区更为显著。

第二节 社区的构成要素与基本特征

关于社区的构成要素，目前学术界主要存在“三要素说”（一定的地域是基础，共同生活的居民群体是规模，明确的行政管理区域是单元），“四要素说”（地域、人口、组织结构、文化四要素或者人口、区域、心理素质、人际互动关系四要素），“五要素说”（地域、人口、区位、结构和社会心理要素），“六要素说”（地域、人口、组织结构、社会心理、规范体系、物质设施要素），“九要素说”（地域、人口、区位、结构、社区心理、组织、文化、物质保障、社区变迁）等。[③] 不论多少种要素，其都涉及上文社区概念中所涵盖的地域要素、人口要素、组织结构要素及价值认同等共性的“必要条件”。然而，在这些“必要条件”达到后，好的社区应该对生活在其中的人很重要。那么，从用户（人的）视角出发，好的社区至少应涉及以下六个主观的值得讨论的组成部分：①个人自由；②相对平等；③公共友爱；④有代表性的、能做出响应的政府；⑤地方认同；⑥居民异质性。也就是说，居民应根据社区来定义他们自己；关心社区，愿意为改善社区而作贡献。[④] 美

---

① 其实，随着21世纪以来我国城市化进程的快速推进，一方面为城市社区的建设与发展带来了诸多历史性机遇，有效推动了我国城市社区治理现代化的步伐。另一方面，城市化快速发展的某些后果，可能给许多城市居民带来的是一种孤独与孤立的体验。生活的快节奏使得人们变成了城市中的匆匆过客，人们不再有时间去建立一些有意义的、持久性的人际关系。就此而言，城市生活更接近于“Gesellschaft”（社交聚会：社交关系合理发展的一种机械模式，以人与人之间非个人契约的联合为其特征）——而不是“Gemeinschaft”（自发产生的有机社会关系：其特征是在共同体的传统法规之内，具有情感或亲属关系的强有力的相互关系）。在某种程度上，一座城市是各种行为方式的一种混合体或大杂烩，是“Gesellschaft”与“Gemeinschaft”“相互并存的”。因此，用“多元”“异质”来描述现代城市社区所具有的多元性和复杂性更为恰当。滕尼斯曾对有机团结和机械团结这两种社会关系类型进行了明确的区分。参见保罗·霍普. 个人主义时代之共同体重建［M］. 沈毅，译. 杭州：浙江大学出版社，2010：71.

② 这一界定强调改革开放以来社区的关键构成要素是不同群体或多元个体之间的相互作用，而不是在各方面都相同的一个社会生活共同体。在某种程度上，这也是诸多学者研究现代（城市）社区矛盾、纠纷与冲突的理论预设所在。参见原珂. 中国特大城市社区冲突与治理研究［D］. 天津：南开大学周恩来政府管理学院，2016：29.

③ 张永理. 社区治理［M］. 北京：北京大学出版社，2014：16－17.

④ 徐琦，等. 社区社会学［M］. 北京：中国社会出版社，2004：100.

国社会学家罗兰·沃伦（Roland Warren）在什么是好的社区上花费的时间比我们大多数人都要多，他有着更好的想法。他指出："没有什么是好的社区这样的事情，有许多好的社区，这都依赖于各种偏好的特定组成。没有一种方法可以展示一种观点比另一种观点更有效或者更道德。"[①] 看起来，这是保证我们所有人最高的生活质量的要点。当然，国家将继续影响前面所提到的生活质量的基本条件（地域、人口、组织结构、社区安全、社区经济、社区医疗保健、教育服务、环境等），但是，对于这些生活质量更主观的组成部分，社区是最主要的因素。即使是国家可以提供我们这些主观的因素，社区仍然是偏好的源泉。[②]

德鲁克基金会在《未来的社区》一书中提到，理想社会的要素有四个：①统一的标准：以原则为中心的美德；②万众一心，愿景和方向；③思想一致，目的、使命与团结，而非单调，统一而非同一；④经济上平等，不分彼此，消除贫困。[③] 一定程度上，社区的形成出于两种需要——自主的需要和对他人的需要。[④] 特别是随着21世纪以来我国城市化进程的快速推进，社区心理要素与社区意识的重要性愈发凸显，逐步成为衡量现代社区是否健全的核心标准之一，也是医治工业化和城镇化进程中产生的越来越多的"城市病"及其各种社区矛盾、纠纷与冲突的重要举措。[⑤] 在此意义上，现代社区还日渐凸显出以下突出特征。

（1）（社区成员能够）彼此联络。某种意义上，我们今天最缺的就是社区。我们有的只是邻里关系或一群生活在同一区域的人，仅仅因为是方便联系，或者仅仅因为碰巧在同一个环境中生活而已。除非联系本身对我们有好处，否则我们宁愿和自己的邻居老死不相往来。[⑥] 这即目前所谓的"陌生人社区"，且这类社区在当前城市新建商品房住宅小区更为显著。但是，人类需要社区，"加入"而非"退出"。为此，只有能够彼此联络的社区，才是真正的社区。

（2）互相交易（交换）。鉴于现代社区的异质性、多元性等特征，"以此换彼""礼尚

---

① Roland L. Warren. Explorations in Neighborhood Differentiation [J]. *The Sociological Quarterly*, 1978, 19 (2), pp. 310 - 331.

② 徐琦. 社区社会学 [M]. 北京：中国社会出版社，2004：101 - 102.

③ ［美］德鲁克基金会. 未来的社区 [M]. 魏青江，等译. 北京：中国人民大学出版社，2006：51 - 53.

④ ［美］德鲁克基金会. 未来的社区 [M]. 魏青江，等译. 北京：中国人民大学出版社，2006：89.

⑤ 张永理. 社区治理 [M]. 北京：北京大学出版社，2014：16 - 17.

⑥ ［美］德鲁克基金会. 未来的社区 [M]. 魏青江，等译. 北京：中国人民大学出版社，2006：69.

往来”式的自愿交换关系愈发凸显。[①] 这主要是考虑到人性的复杂性，即人是很复杂的，既能够发自内心地为群体奉献无私的服务，也免不了自私自利地追求竞争优势。特别是在社会网络理论视角下，网络分析者通常认为城市社区问题最本质的东西是关系而不是地域和规范。他们认为，社会大规模的变迁已经改变了社区的性质，当代城市居民不再完全是一个地域共同体或亲属群体的成员，而是众多的、特殊化的、以兴趣为基础的社区成员。社区成员通过这种关系网络获得情感性和工具性帮助，并相互交换社会资源。[②]

（3）共享文化。本质上，社区作为一种共同体，是一个共建共享共融的生活场域，其必然存在着某些共同的价值、原则、认同等。这也是维系当今社区及其治理的核心要义所在。正如党的十九届四中全会提出的“坚持和完善共建共治共享的社会治理制度”和“建设人人有责、人人尽责、人人享有的社会治理共同体”。这一社会治理制度和共同体建设的基础应是社区全体成员在文化价值等核心愿景上的认同与共享。

第三节　社区的功能与分类

一、社区的功能

关于社区的功能，在不同历史时期的不同国家和地区，其功能必然有所差异。好的社区、更好的社区、可能最好的社区是几个世纪以来一个难以捉摸、负载价值观的目标。古希腊哲学家柏拉图（Plato）和英国哲学家约翰（St. John the Evangelist）都曾对理想社区作过描述。但他们所描述的社区很少有共同之处，因为两人对关于他们那时社区问题的原因和答案做了非常不同的假设。柏拉图认为，如果理性的公民遵守理性的法律，更有效、

① 人类社会体系是建立在以下三种关系的基础之上的：一是统治与服从，其是建立在控制权基础之上的关系；二是买与卖关系，其是建立在自愿交换基础之上的关系；三是社区，其是建立在完全不求回报的给予基础之上的关系（一种给予）。虽然所有的人类体系都是同时通过权力、交换和社区这三种类型的关系来建立秩序的，但是在组织结构中，这三种关系之间的比例大不相同。指挥系统型组织结构的基础是统治和服从，自由市场体系强调的是双方的自愿交换，而定义社区的基本原则是慷慨待人。在大多数部落体系中，慷慨待人往往是家族群体和部落的主导原则；而基于“以此换彼”原则的贸易通常发生在部落和部落之间。参见［美］德鲁克基金会. 未来的社区［M］. 魏青江，等译. 北京：中国人民大学出版社，2006：118.

② 田野. 转型期中国城市不同阶层混合居住研究［M］. 北京：中国建筑工业出版社，2008：65.

更完美的社区就必然出现。[①] 然而，约翰则相信，只有基督返回，才能带来完美的社区。[②] 柏拉图和约翰之后，有许多关于美好生活环境应该是什么样的观点，他们所有的共同之处就是它们的多样性。对更好社区的寻找是负载价值的需求，不同的人们有不同的价值观。因此，不可能设想一个每个人都适合的社区。不过，一个社区不能使每个人都喜欢的事实不应该阻止我们为改进它而做的努力。恰当地说，那只意味着我们改善人的条件的能力有限。而社区，却为我们的努力提出了一个极好的问题。[③] 有可能设计出一个适合不同人需要的社区吗？——这种情况下，设计出来的社区能适应那些把当地社区仅仅看作是他们睡觉地点的人，以及那些把它看作他们的生活中重要的地理的焦点。[④] 由此可知，本质上这些其实都是对理想社区功能的探讨，且其至今仍具有时代参考价值。

结合中国实际，特别是随着21世纪以来我国城市化进程的快速推进，社区功能在未来城乡改革、发展、稳定中发挥着不可替代的作用。有研究表明，现代社区的功能主要体现在社会服务、人的社会化、社会参与和社会民主、社会控制与社会稳定等方面。[⑤] 具体来说，实践中社会服务主要涉及社区规划、社区计生、社区卫生、社区养老、社区照护等；人的社会化主要涉及家庭教育、社区教育以及社区矫正等；社会参与和社会民主主要涉及社区居民参与、社区选举、居民自治及社区营造等。

二、社区的分类

关于社区的分类，即社区类型，通常是指一定分类标准下社区所凸显的社会属性。[⑥] 针对社区类型的研究，最早可以追溯到提出“社区”概念的德国社会学家滕尼斯。滕尼斯曾将“社区”分为三种类型：一是地区社区，也称“地理的或空间的社区”，如村庄、城镇、邻里等；二是非地理社区，也称“精神社区”，如由共同信仰而形成的团体或由相同职业联系起来的群体，但其不同于组织[⑦]；三是亲属社区，也称“血缘社区”，如原始社

---

① 黄美红 张广勋．论柏拉图《理想国》中的理想城市［J］．哈尔滨学院学报，2016，37（10）：4．

② 张广勋．理想城市的建构与解构［D］．上海师范大学，2015：2．

③ 徐琦，等．社区社会学［M］．北京：中国社会出版社，2004：91－92．

④ 徐琦，等．社区社会学［M］．北京：中国社会出版社，2004：100．

⑤ 张永理．社区治理［M］．北京：北京大学出版社，2014：20．

⑥ 丁元竹．社区的基本理论与方法［M］．北京：北京师范大学出版社，2009：38．

⑦ 滕尼斯认为，社会主要是由感情和情操联结在一起的，而组织是由“理性的”考量来维系，这些考量常常表现在书面的正式契约中。

会的氏族、后来的宗族房长等①。自此之后，一直到20世纪60年代以来的西方城市更新过程中，美国社会学家甘斯（H. J. Gans）、穆勒（John Stuart Mill）等对城市社区类型的研究主要聚焦于内城和郊区两个人口、社会和经济变化相对较为剧烈的区域。② 随着西方城市化的进一步发展与推进，到20世纪八九十年代，国外很多学者依据社区规模及居民的认同度，把社区类型划分为面对面的街区、受保护的邻里社区、有限责任的社区及扩大社区四个层次，并对这四者之间的相互关系进行了更为细致的区分。

美国经济学家奥利弗·威廉姆斯和查尔斯·阿德里安（Oliver Williams & Charles Adrian）根据社区居民对社区政府在地方事务中应起作用的不同看法与选择，将社区划分为四种类型：扩张型（Promotion）社区、舒适型（Amenities）社区、看守型（Caretaker）社区和仲裁型（Arbiter）社区。他们认为，扩张型社区和舒适型社区具有目标"单一"、共识广泛的性质，采用权力集中、职业化的结构模式运转较好，而看守型社区和仲裁型社区，由于存在多元化的利益，采用权力分散的分散化结构较为适宜③。

结合中国实际，一般来说，按照地域因素的差异将社区大致划分为农村社区和城市社区两类。或者更细一些，划分为城市社区、集镇社区和乡村社区三类，这种划分方式也是对社区发展程度的一种区分。与农村社区、集镇社区或小城镇社区相比，城市社区是一种更为高级的社区形态（见表1-2），这将在下文重点展开论述，故此不赘述。

表1-2　城市社区与乡村社区的差异

范畴	乡村社区	城市社区
人口密度	相当低	相当高
社区规模	较小	较大
人口构成	相对简单	相对复杂
工作环境	户外	户内

① 蔡禾. 社区概论［M］. 北京：高等教育出版社，2005：2.

② 如甘斯将内城分为寄宿区、种族村、贫民窟和灰区四种类型，马勒将美国的郊区社区分为高收入社区、中产阶层社区、漂泊者聚居社区和工人或蓝领阶级社区四种类型，怀特将西欧城郊社区分为工业郊区社区、中产阶级郊区社区、通勤村庄和新工人阶级郊区社区四种类型。具体参见：B. London. Approaches to inner - city Revitalization［J］. *Urban Affairs Quarterly*, 1981（15）, pp. 373 - 380；H. J. Gans, Urbanismand Suburbanism as ways of life：A Re - evaluation of definitions, in Callow, A B Jr（ed）, *American Urban History*, 2nd *ed.* London：Oxford University Press, 1977；蔡禾. 城市社会学：理论与视野［M］. 广州：中山大学出版社，2003：102-103.

③ Gilbert C E. Four Cities：A Study in Comparative Policy Making, by Oliver P. Williams and Charles R. Adrian［J］. Political Science Quarterly, 1965（2）：2.

续表

范畴	乡村社区	城市社区
职业	农业	非农职业
技术	普遍单一	专业化
户籍人口	相当多	相当少
工作与家庭	较近	较远
机会	较少	较多
构成阶层	较少	较多
稳定性	稳定	不稳定
社会流动性	较低	较高
生活水平	较低	较高
社会团体	较少	较多
教育机会	较少	较多
社会心理	相对保守	相对自由
社会病态	较少	较多
社会制约	民俗	法律

资料来源：根据龙冠海《社会学概论》（三民书局，1986：4）一书中城市社区与乡村社区差异的基础上整理而得。

第二章　城市社区的概念与类型

城市社区作为现代城市治理的基本单位和重要场域，是影响城市社会建设与发展及和谐社会建构的关键变量。① 随着近年来我国社会转型的愈发深化，特别是城市化进程的快速推进和基层社会治理创新步伐的加快，城市社会环境发生了重大变化，特大城市尤为显著。简言之，在社区层面，集中体现为两个方面：一是城市社区在经济社会中的地位和作用愈发凸显；二是随着“单位制”的消解，城市社区类型呈现出多样化发展趋势。况且，社会转型期的中国城市社区具有多样性、多元化、异质性、复杂化等特点。一方面，诸多城市仍保留着大量老城区、单位社区、城中村等同质性较强的社区；另一方面新商品住宅小区不断兴起。一方面，有许多居民仍然生活在几十年不变的邻里社区当中；另一方面大量人口在城乡之间、城市之间和城市之内流动，居民的社会网络也随着流动向邻里社区外扩散。多样化、异质性的社区新格局向传统单一、固定的社区类型模式提出了挑战。

第一节　城市社区的内涵

关于城市社区的界定，郑杭生、蔡禾、王胜本等都认为，城市社区是指建立在一定地域基础上，由从事各种非农劳动的社会群体聚居所形成的相对独立的初级社会共同体。②

① 原珂．中国城市社区冲突及化解路径探析［J］．中国行政管理，2015（11）：125．

② 郑杭生．社会学概论新修［M］．北京：中国人民大学出版社，1998：368；蔡禾．社区概论［M］．北京：高等教育出版社，2005：21；王胜本，张涛．社区发育视域下的城市治理问题研究［J］．河北工程大学学报（社会科学版），2012（3）：11．

本书也采用这一释义。

在此，需要注意的是，本书对城市社区的研究是基于对现代城市社区的再认识。赵毅旭从三个方面对城市社区的基本属性进行了重新审视与认识：一是成员结构的变化使城市社区属性由“政治层级”向“社会单元”转变；二是工作模式的变化使城市社区属性由“内部约束”向“区域共建”转变；三是工作理念的变化使城市社区由“纵向到底”向“横向联动”转变。[①] 何海兵从适应法治化进程、适应城市化进程、适应区域化进程、适应领导方式变化、适应效能建设要求五个“适应”方面分析了当代开展城市社区活动方式的五大“转变”：从“人治”向“法治”转变；从“包揽”向“整合”转变；从“直接”向“间接”转变；从“依赖行政权力”向“注重非权力因素”转变；从“高度集权”向“总揽全局、协调各方”转变。[②] 在此基础上，本书对城市社区的理解也是置于当前我国城市社区由“单位制”到“街居制”再到“社区制”的双重转型与变迁的时代大背景下。

第二节 城市社区的类型与特征

关于社区的类型，在宏观方面，根据空间特征的划分，大致分为城市社区和农村社区。城市社区是指在特定的区域内，由从事各种非农业劳动的密集人口所组成的社会。[③]

一、城市社区的分类

根据规模的不同，社区可以分为大型社区、中型社区、小型社区、微型社区等。根据我国人口众多的现实，大型社区一般是指人口超过 10 万人的社区；中型社区一般是指人口在 5 万 ~10 万人之间的社区；小型社区一般是指人口在 2 万 ~5 万人之间的社区；微型社区一般是指人口在 2 万人以下的社区。

根据功能的不同，社区可以分为工业社区、商业社区、文化社区、旅游社区、生活社区等。其中，工业社区是指那些工业企业比较集中、环境污染比较严重的社区；商业社区

① 赵毅旭．城市社区治理路径［M］．成都：四川大学出版社，2010：17－24．

② 何海兵．我国城市基层社会管理体制的变迁［J］．管理世界，2003（6）：22．

③ 郑杭生．社会学概论新修［M］．北京：中国人民大学出版社，1998：368．

是指那些商业发达、经济繁荣的社区；文化社区是指那些教育、科学、文化、卫生等事业单位集中的社区。

根据区位的不同，社区可以分为中心社区、边缘社区等。中心社区是指那些位于城市中心地带、人员密集的社区；边缘社区是指那些位于市区边缘、城郊接合部的社区。

根据形态的不同，社区可以划分为高级住宅区、普通住宅区、贫民区等。高级住宅区是指那些地理位置优越、环境优美、生活水准高的社区；普通住宅区是指那些地理位置一般、环境较好、生活水准一般的社区；贫民区是指那些地理位置较差、环境恶劣、生活水准较低的社区。

此外，根据社区的形成方式，还可将其划分为自然性社区和法定社区；根据社区结构及其完整程度，可将其划分为整体性社区和局部性社区；按照人的社会组织和空间分布，可划分为社会性社区和空间性社区；根据民族、种族、宗教和精神等因素，可划分为民族社区、族群社区、宗教社区、种族社区等。

其实，某种程度上，很长一段时间内，国内学术界对城市社区的研究大都不分类型，只是就社区而谈社区。[①] 其实，不同类型的社区之间差异是很大的，呈现出一定的异质性，如高档别墅小区与城市边缘社区或“城中村”社区之间的差异可谓是“天壤之别”。回顾中国城市社区的类型研究，吴缚龙最早根据社区属性将中国的城市社区分为传统式街坊社区、单一式单位社区、混合式综合社区和演替式边缘社区四种类型。[②] 随后，朱健刚、卢汉龙等根据社区建成时间又划分出改造社区、旧宅保留社区、近建社区和新建社区四种类型。[③] 进入21世纪后，张鸿雁鉴于中国城市社会的发展变化以及城市社区的变异与分化等因素，在上述分类基础上又提出两类新型社区——新型房地产物业管理型社区和“自生”社区或移民社区。前者指住房市场化改革后新生成的商品房小区，后者特指城市社会变迁中形成的过渡性社区。[④]

① 针对城市社区这一研究单位，目前国内学术界还存在一些争议，如有以居住小区为研究对象的，有以社区居委会管辖区域为研究对象的，有以街道所辖区域为研究对象的，还有以城市基层社会甚至整个城市、地区等作为一个共同体为研究对象的。在此，本书采用2000年民政部《关于在全国推进城市社区建设的意见》中的界定：社区是指聚居在一定地域范围内的人们所组成的社会生活共同体，即“一般是指经过社区改革后做了规模调整的居民委员会的辖区”。由此可知，社区不单是一个简单的物理空间概念，还是具有频繁互动关系和一定认同感的“共同体”。

② 吴缚龙．中国城市社区的类型及其特质［J］．城市问题，1992（5）：24－27.

③ 朱建刚．城市社区：在实践中的反思［J］．北京社会科学，1999（增刊）：50－53；卢汉龙．单位与社区：中国城市社会生活的组织重建［J］．社会科学，1999（2）：52－57.

④ 张鸿雁．论当代中国城市社区分异与变迁的现状及发展趋势［J］．规划师，2002（8）：6－7.

二、中国城市社区的五大类型及特征

近年来，随着我国城市化进程的不断深化和城市规划管理的逐步发展与完善，城市社区也呈现出一些新特征、新类型。王胜本、张涛通过对我国城市社区自中华人民共和国成立以来的发展历程进行系统梳理后，划分出当前较为契合实际的五种社区类型——传统街坊式、单一单位式、综合混合式、城市扩建式和新型物业式社区。[①] 在此基础上，原珂结合近年来中国城市社会的发展变化以及城市社区建设的实际状况，在对北京、上海、天津、广州和深圳五大城市深入调研的基础上，将当代中国（特大）城市社区的类型大致划分为五类——传统街坊式社区、单一单位式社区、综合混合式社区、过渡演替式社区和现代商品房式社区。[②] 详见表2－1。

表2－1　中国特大城市社区的五大类型及特征

社区类型	事项					
	出现时间及历史	历史属性	社区社会关系	主要居民构成	特点	典型社区列举
传统街坊式社区	最早、最悠久	城市社区	地缘	本地城市居民	类似“共同体”	北京的老胡同区等
单一单位式社区	计划经济时期、较为悠久	城市社区	地缘＋业缘	本地城市居民	“互助体”	天津南开区的一些社区
综合混合式社区	20世纪70年代末80年代初、较短	农村、城市社区混合	血缘＋地缘	本地城市居民＋外来居民	“落脚地带”	深圳宝安区的一些社区
过渡演替式社区	20世纪末21世纪初、较短	农村社区	血缘＋地缘＋业缘	本地农村居民＋外来居民	“迷茫地带”	广州的石牌社区等
现代商品房式社区	20世纪90年代、较短	农村、城市社区混合	业缘＋网缘	本地城市居民＋外来居民	“夜晚的睡城”	上海的陆家嘴社区等

资料来源：根据调研资料整理而得。

（一）传统街坊式社区

传统街坊式社区主要指城市老城区、老旧街区的市民居住与生活社区，它是城市社区中形成最早、历史最悠久的一类社区，一般处于城市传统的中心区域，属于典型的地缘型

---

① 王胜本，张涛．社区发育视域下的城市治理问题研究［J］．河北工程大学学报（社会科学版），2012（3）：11.

② 此划分是在依据张鸿雁和王胜本等人划分的基础上整理、补充所得，对其是一种继承、发展与完善。具体参见：张鸿雁．论当代中国城市社区分异与变迁的现状及发展趋势［J］．规划师，2002（8）：6－7；王胜本，张涛．社区发育视域下的城市治理问题研究［J］．河北工程大学学报（社会科学版），2012（3）：11.

社区。通常，这类社区居民长期互为邻里，交流相对频繁，但居民职业构成相对繁杂，社会纽带关系也较为复杂，在某种程度上还具有“城市村落”的些许共同体特征，[①] 如北京的老胡同、老四合院社区等。

（二）单一单位式社区

一般来说，单一单位式社区是指由一家或多家单位建设的供本单位职工及其家属居住、生活的社区。这类社区内有自设的各类较为完备的生活服务设施，如以大企业、高校、政府部门等为核心而形成的附属家属住宅区，现实中各部委的家属大院、各高校的教职工住宅区以及各大型企业的职工生活区等都是如此。严格来说，这类社区是计划经济时期“单位办社会”体制的产物或延续，具有社区居民整体构成相对单一、社区功能较为全面等特征。但需要注意的是，单一单位式社区根据不同的属性、规模等因素又可以划分出不同类型，如按其属性，可分为企业、行政事业、公用事业、教育事业、医疗事业等单位型社区；按其与城市的地域关系远近，城市内部所属的单位社区可分为城市内部单位型社区、城市近郊单位型社区、城市远郊单位型社区等；按其规模的大小，可分为单位城市[②]、单位城区、大型单位社区和小型单位社区等。[③]

（三）综合混合式社区

综合混合式社区主要是指一种多类型、多功能型的综合式社区。在我国，这类社区大多源于20世纪七八十年代，为改善城市居住条件，在城市独立地段或者城市边缘兴建起来的大型生活居住区。这类社区通常环境相对较好，基本配套设施较为齐全，且具有多功能的综合商业中心。在此，为了便于跟其他类型社区的区分，在综合混合式社区的界定中，特指出在该社区居委会所辖区域内的社区类型至少要包含本书所划分的五种社区类型中的三种。然而，这类社区因其发展历史相对较短、居民构成混杂、外来人员相对较多且公共空间有限或不足等特征，居民之间虽具有联系，但沟通交流程度一般，互动性并不是很强。

（四）过渡演替式社区

这一类型的社区具有过渡性、演替性等动态特性，是我国城市化进程中特有的社区演

---

① 其特征涉及两个方面：一是具有农村熟人社区的一些特征，二是具有某种“城市中的乡村生产特点”。

② 单位城市主要指以依托某一大型企业或单位而形成的单位城市，如黑龙江的大庆、四川的攀枝花、安徽的马鞍山和铜陵市等。

③ 王翀．当前我国城市社区公共空间构成与管理研究［D］．杭州：浙江大学管理学院，2005：19.

进样态。过渡演替式社区以城市扩张和乡村向城市的渗透、演替等为特点，既包含着城市社区空间形态的特征，又延续着一定的农村社区属性，[①] “非城非乡，亦城亦乡”是此类社区的重要特征。因此，过渡演替式社区往往是当今城市社区中最为活跃但又最为混乱的社区。

（五）现代商品房式社区

这类社区主要以房地产开发为主体，包括企业开发、政府开发、政企合作开发建设等多种形式。其可分为高档、中档和福利小区等。当前，我国大城市的现代商品房式社区集中体现为由开发商主导建设的新型物业化管理式的住宅小区或社区。这些社区根据档次不一，又可分为三类：一是封闭型的高档住宅社区，居民主要由高收入者组成，且整体素质较高，同质性较强，如深圳、上海、北京、天津及重庆的桃园居社区等；二是封闭型的混合型生活社区，居民主要由城市中产阶级及以上群体组成，居民职业构成较为复杂，但收入稳定，如天津的阳光100小区、广州的五山花园小区等；三是中、低档的经济适用房整体型物管社区，居民主要由城市一般收入者群体或者低收入群体组成，如很多城市中的普通住宅小区。[②] 另外，在此还需注意的是，现代商品房式社区中，虽居民素质、基础设施、公共服务等都相对较好，但人际关系相对淡漠，经常有“相邻一年竟不知邻居是谁”的尴尬。因此，此类社区也常常被人们戏称为“夜晚的睡城”或“卧城”。

总之，综观表2－1中不同类型城市社区的不同属性及特点可知，不同类型的城市社区之间往往存在着很大的异质性。整体来看，现阶段中国城市社区建设与发展中，主要呈现以综合混合式社区和现代商品房式社区为主体的两大社区形态，而其他三种类型的社区建设与发展仍具有一定的模糊性。但是，不论以何种方式对社区进行分类，在实践中，有一点是必须明确的，即社区在发展导向上确实存在着重要而显著的差异，但任一变量都不可能孤立地去解释这些社区间的重要差异，因为现实中的社区往往是不同类型社区的综合混合体。

---

① 张晨. 城市化进程中的“过渡型社区”：空间生成、结构属性与演进前景［J］. 苏州大学学报（哲学社会科学版），2011（6）：75－76.

② 高档住宅社区，由高收入群体组成，社区人口密度小，各种现代化服务功能健全，成员之间的交流比较少，社区成员或家庭在社会上具有很强的影响力，对社区作为利益表达和个人生活满足的依赖性比较低；封闭型的混合性质社区，配套设施和服务比较健全；经济适用房整体型社区，是为改善城市低收入群体的居住条件而建设的社区，成员大多是城市低收入者，并且一直具有所在城市户籍。参见：王胜本，张涛. 社区发育视域下的城市治理问题研究［J］. 河北工程大学学报（社会科学版），2012（3）：11.

第三章　城市社区治理模式

治理模式，通常是指在一个时期内根据一定的国家与社会关系而形成的一种相对较为稳定的发展方式，它包括治理的主体和治理的方式两个重要方面。在传统社会管理形态下，由于国家对社会进行全面控制，其管理主体主要是国家，呈单一性、排他性、不可选择性的状态，其管理方式呈自上而下的单向性。在现代社会形态下，国家和社会处于合作状态，社会治理主体多元，可以是国家、政府，也可以是社会组织、私营企业、民众等，国家和社会良性互动，形成合作共治的局面，其治理模式具有多元性、双向性的特征。现代社会是多元社会，多元社会视域下的社区治理模式亦呈现多样化样态，如李强等在其研究中提出了当前我国城市社区治理的四种创新模式——政府主导、市场主导、社会自治和专家参与型社区治理模式。[①] 但整体来看，根据社区治理的主要动力来源不同，当前我国城市社区治理的基本模式大致可以划分为三种，即行政主导（授权）型、社区自治型和混合型，在实践中涌现出上海模式、铜陵模式和江汉模式等代表性案例。

第一节　行政主导型社区治理模式

现阶段，我国大多数城市社区治理中仍有着较为浓厚的行政色彩，属于典型的行政主导型社区治理模式。

---

① 市场主导型社区治理模式如深圳的桃源居社区和武汉的百步亭社区，专家参与型社区治理模式的典型代表为北京海淀区清河社区开展的社区营造。参见葛天任，李强．我国城市社区治理创新的四种模式［J］．西北师大学报（社会科学版），2016（6）：5.

一、行政主导型社区治理模式概述

行政主导型社区治理模式，也称政府主导的社区治理模式，是一种政府主导、居民参与、自上而下推行的社区治理模式，主要以新加坡、韩国等一些新兴工业化国家为代表。这种模式下的政府占据社区治理的中心地位，对社区治理的法律法规、政策组织规范体系提供计划及方案，并予以财政支持，而社区层面的组织及居民则按照政府的计划与方案实施或参与活动。在这种模式中，政府对社区的干预较为直接、具体，使得政府行为与社区行为紧密结合，社区中还设有各种形式的派出机构，更使社区治理呈现浓厚的行政色彩。

实践中，上海市很早就提出了以行政为主导的“两级政府、三级管理、四级网络”，“条块结合，以块为主”的城市社区管理模式，并在一些街道进行体制改革的试验和探索，取得了一定的经验。“两级政府”是指市政府和区政府，“三级管理”是指市政府、区政府和街道办事处对社区建设所实施的管理。政府实现了由注重微观、直接、行政手段、权力性管理，转变为宏观、间接、政策、引导性管理，强化街道办事处的社区管理功能，理顺政府、社会和社区三者之间的关系，使其各享其权，各负其责。这对加强城市现代化管理，提高居民生活质量，维护社会稳定等方面都起到了重要的作用。“四级网络”是指在全市各社区内推行网格化管理。上海强调政府在社区治理和建设中的主导作用，政府提供政策和财政支持，同时社区管理的权力逐级下放，重心下移至街道层面，凸显街道在社区管理和公共服务中的整合调控作用，在街道形成“一个功能、三个中心”的格局。一个功能是指社会综合管理功能；三个中心包括社区事务受理服务中心、社区医疗服务中心和社区文化中心。三个中心旨在为居民提供“进一扇门，办百家事”的一门式服务，有效整合社区各单位、各职能部门的资源。在社区居委会层面，实现“居站分设”的管理模式，成立社区工作站（或社区事务服务站、助政事务所）等为非营利性的公益性组织，通过政府购买服务，逐步承接从政府、自治组织中剥离出来的社会职能，承办社区的各类服务项目，满足社区成员的多层次需求。这样，通过政府扶持，市场化的运作方式，逐渐引入社区工作站的竞争服务机制，形成“一居一站、多居一站、一居多站”的全方位多层次社区管理模式，详见图3-1。

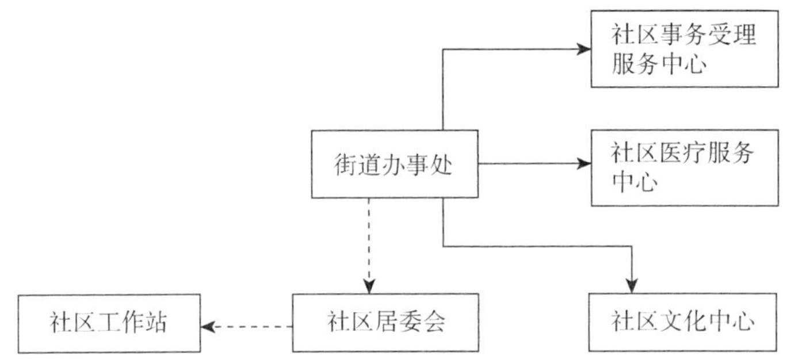

（实线箭头表示领导与被领导关系，虚线箭头表示指导与被指导关系）

图 3－1　上海社区治理与服务模式

二、个案延伸：天津市社区治理模式

天津市的社区治理是在天津市委、市政府的领导下，依靠社区力量，利用社区资源，持续强化社区功能，合理解决社区问题，不断地推进社区政治、经济、文化、环境协调与健康发展，不断地提高人民群众的生活水平和生活质量。

天津的社区建设是与其“两级政府、三级管理、四级网络”的城市管理体制和“条块结合，以块为主”的管理模式相联系的。其中，社区居委会作为管理层次的第四级，在三级管理之下，协助政府进行网格化的公共服务与社会管理。这样就形成了“市—区—街道—社区”四级管理层次，进一步强化了街道办事处和社区居委会在城市基层管理中的基础作用。因此，天津市的社区治理模式可以概括为“行政主导型”或“政府授权型”社区治理模式，其是一种政府主导、居民参与、自上而下推行的社区治理模式。具体来说，政府对社区工作的指导与管理主要涵盖以下五个方面。

（1）负责对住宅小区、社区综合服务中心和社区工作站及其他公共服务设施的规划。

（2）负责对社区精英和社区社会组织领导人等进行培训。

（3）负责为社区居委会提供场所和设施，为政府和社区的联系提供沟通的桥梁。

（4）负责发起、组织相关社区活动，倡导特定的社区价值观念。

（5）负责给予社区建设与发展财政方面的支持等。

这种模式下，政府对社区的管理涵盖社区生活的方方面面，政府职能部门的工作方法和责任心对社区治理具有重要的影响作用。

在社区党建方面，天津市委、市各区委组织部从建立健全组织体系入手，着力构建全区一盘棋、上下一条心，共谋街道社区科学发展的党建工作机制。一是健全组织领导机制。推行社区党建工作联席会议制度，由街道党工委牵头，组织社区党组织书记、驻社区单位党组织负责人以及各社会团体负责人共同研究推进社区党建工作，实现资源共享、共驻共建，形成了以街道党工委为核心，社区党组织为基础，驻街道各单位共同参与的社区党建工作格局。二是健全组织覆盖机制。大力实施“全覆盖”工程，采取“四建两管一派”等方式，加大党组织的组建力度，努力扩大覆盖面，减少空白点。三是健全责任落实机制。严格落实区、处级党员领导干部党建工作责任制。

在社区管理体制方面，天津市积极推行社区网格化服务。其主要以自然小区为单位，将300户左右的居民划分为一个网格。每个网格内配备一名网格服务长和七类网格服务者，即社会事务管理服务者、劳动保障协管服务者、民事纠纷调解服务者、环境保洁服务者、治安保卫服务者、设施管理服务者、执法巡查服务者。实行社区“两委”领导下，网格服务长、网格服务者的逐级分工负责制。同时，调动居民小组长、楼栋长、社区志愿者、物业人员、社区民警、驻地单位党员、包居执法队员等多方力量参与社区管理。同时，建立分类处理机制，保障一般性工作现场处理，协调性工作妥善处理、及时反馈，突发性事件立即上报、跟踪发展，审批性工作按程序受理。健全考核机制，对网格工作实行定期考核、通报和讲评制度。通过查看网格工作日志、实际工作效果和群众满意度等确定综合考评结果。考评结果直接与街镇考核、个人年终奖金等挂钩。

在社区社会组织建设方面，天津市注重社区业主委员会建设，进一步规范社区物业管理，并将物业管理纳入社区管理工作机制中。在每个社区工作站增设1名物业管理专职人员，明确居委会对物业企业的指导、协调、监督关系，鼓励业委会成员竞选居委会成员，实行交叉任职，社区居委会定期组织召开物业管理联席会。此外，积极鼓励与支持其他社区社会组织的建设与发展。

在社区综合服务设施建设方面，天津市主要采取了菜市场建设进街道、便民商业进社区、便民服务进家庭、社区办公和服务设施建设相配套等一系列措施，以进一步提高社区综合服务设施。

在社区文化建设方面，天津市根据《全民科学素质行动计划纲要》的总体要求，通过开展多种形式的科普活动，弘扬科学精神、普及科学知识、传播科学思想和科学方法，形成人人讲科学、人人用科学的良好风尚。此外，还在全市区范围内组织开展了“文明村、文明社区、文明楼门、文明家庭、文明路、文明企业、文明窗口、文明商店、文明团队、文明机关”系列创建活动。

在社区工作者队伍建设方面，主要体现在以下三个方面。

（1）公开招录保证队伍整体素质。区民政局、区人力资源和社会保障局针对社区工作需求公开招录毕业生充实到社区工作中，并且坚持定向招聘一部分退伍士兵、专业士官，平衡社区工作人员男女比例失衡的问题。

（2）定期开展培训。每年定期开展社区居委会书记、主任培训，新进社区居委会工作人员岗前培训和国家社会工作师、助理社会工作师考试考前培训，并多次组织社区工作人员到市内、区内先进社区学习交流。

（3）保障人员待遇落实到位。

总之，天津市这种行政主导型社区治理模式能够短时间内整合社会，在很长时期内对促进天津市的稳定与发展起到了基础性的保障作用。① 在这一模式主导下，社区治理是一种规划性变迁，政府在未来社区治理的走向中必将发挥着主导性的作用。当然，这也恰恰是中国特色社会主义制度及其体制机制的优势所在。但是，从本质上讲，这一模式不是为了社区的可持续发展，而是为了政府更好地管理基层社会，理念是"收"不是"放"。对此，要想把我国制度优势更好转化为国家治理效能，同理，这也要求我们在新时期要积极探索如何更好地将我国基层政治制度优势转化为社会治理效能，切实把党的领导精神落实到社会治理的各大领域、各个方面和各个环节。

最后，值得注意的是，鉴于这种模式社区居民参与度相对较低，行政性较强，易造成社区治理失灵，导致社区治理绩效降低、社区资源浪费以及寻租活动的滋生与腐败蔓延。

第二节　自治型社区治理模式

在中国，社区居民自治是随着社区建设的不断推进而兴起的。为推动这一进程，民政部围绕社区自治组织的架构及其有效运作开展社区建设的实验和探索，一直到社区建设才在全国范围展开，各地在结合本地实际的基础上进行了大量的改革和创新，涌现了"沈阳模式""青岛模式""铜陵模式""鲁谷模式"等各具特色、各有创新的社区自治典型，积

① 鉴于历史发展、文化传统及人口流动等多方面的因素，与沿海特大城市如上海、广州、深圳等相比较，天津市传统的社区组织行政色彩较为浓厚，加之天津绝大多数社区中本地居民（户籍人口）相对较多，外来人口（非户籍人口）相对较少的特点，使得天津的社区工作整体相对较为传统，但这并不影响其社区发展的和谐与稳定，或许这正是行政主导型社区治理模式的优势所在。

累了较为丰富的探索经验。其中，将这一模式进行得较为彻底的是安徽的“铜陵模式”。

一、居民自治型社区治理模式

自治型社区治理模式（即社区自治模式），主要指社区主导与政府支持相结合、由下而上实施的社区治理模式，以欧美、澳大利亚等国家为代表。实践中，社区自治作为实现社区治理的一种方式，是指社区居民通过一定的组织形式，依法享有和实现自主管理社区事务的权利，通过民主选举、民主决策、民主管理、民主监督，创建社区体制，优化社区资源、完善社区功能，不断提高社区居民的物质和精神生活质量。[①] 其核心是民主自治（主要包括人事自治、财产自治、财务自治、管理自治、教育自治、服务自治、协管自治等方面），本质是对本社区进行自我教育、自我管理、自我服务、自我约束的一种基层民主治理形式。某种程度上，社区自治是社区发展的根本动力，是实现社区和谐的内在根基，也是衡量社区治理水平的重要指标之一。因此，社区自治理应成为未来社区建设、发展与治理的最终归宿。

其实，自 20 世纪 90 年代末我国开展社区建设以来，社区自治探索的脚步就从未停止过。有学者依据社区自治动力来源的不同，对我国城市社区自治进行了更为细致的探究，提炼出不同的社区自治模式：自上而下的社区自治模式，如沈阳模式等；自下而上的社区自治模式，如北京鲁谷社区、青岛浮山后社区、南京白下社区进行的社区自治尝试以及大刀阔斧撤销街道办实行大社区制的铜陵模式等。后者不同于前者的最大区别在于，其自治的力度与范围更为广阔，但其也始终脱离不了政府的干预，在一定程度上仍然是一种有限的自治。近年来，随着市场化的逐步深入，特别是房屋产权私有化程度的不断加大与现代商品房住宅小区的大规模兴起，社区物业管理服务得到快速发展。但与此同时，因物业管理服务而引发的各种社区矛盾、纠纷与冲突也随之增多，且呈现一种愈演愈烈的发展态势，这不仅成为新时期基层社会（社区）治理的一大难题，而且还衍生出很多如业主委员会、业主大会等之类的社区自治组织，其参与社区治理和要求社区自治的意识愈发强烈。如陈幽泓以北京美丽园社区的物业冲突为视角研究了基于业主自治的社区治理模式，[②] 崔

① 徐永祥. 社区发展论（第二版）［M］. 上海：华东理工大学出版社，2001：233.

② 陈幽泓. 社区治理的多元视角：理论与实践［M］. 北京：北京大学出版社，2009：2.

丽娜以天津物业弃管小区①为例提出了“区分穷尽、物权自主、量化公开”的社区物业自主管理模式等，都是近年来因物业冲突而对城市基层社区自治进行的有益探索与尝试。由此可知，当前我国城市社区自治的现况是，实践在发展，理论仍然处于探索阶段，社区自治理论研究明显滞后于社区治理实践的发展。

二、个案延伸：安徽铜陵模式

安徽省铜陵市是我国第一个全部撤销“街道”的地级市，其改革模式被总结为“铜陵模式”。其最大的特征就是撤销街道实行大社区制，进行社区自治。

铜陵市铜官山区作为铜陵市的主城区，是全市的政治、经济、文化和商业中心，区域总面积约 145 平方千米，人口约 45. 2 万人，约占全市总人口的 35% 。2021 年年末，全区常住人口城镇化率为 97. 5% 。2011 年铜陵市全面撤销街道办事处，成为我国第一个全部撤销街道办事处的地级市，其改革模式被总结为“铜陵模式”。其新社区组织架构如图 3 –2所示。

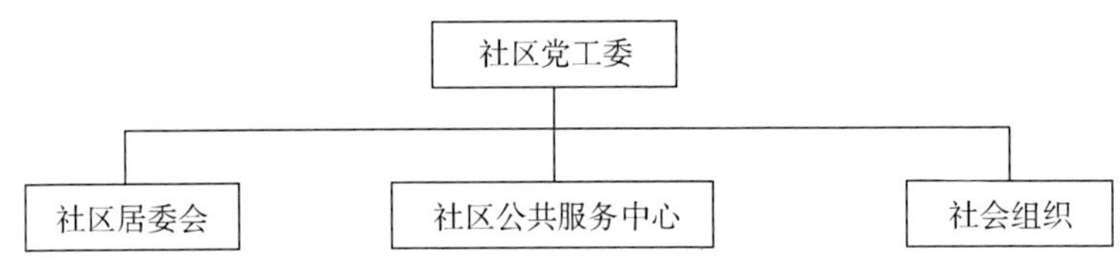

图 3 –2 “铜陵模式”下的社区组织架构

作为社区治理改革的先行区，10 年来，铜官山区锐意改革，在社会治理创新中形成了一个个小而精的治理方法。例如，通过树立多元共治、议事协商的理念，社区坚持完善“茶馆会议”制度，针对老旧小区改造、居民活动中心内部布局、小区道路改造等涉及居民切身利益的事情，让居民的意见得到充分表达，做到了“政府买单、百姓买账”，让“替民做主”变为“让民做主”，实现了社区治理能力和水平大大提升。“铜陵模式”下的社区组成可以概括为“一个中心，三个体系”。其中“一个中心”指的是以社区党工委为中心，全面负责社区治理的领导与组织工作；“三个体系”是指社区居委会、社区公共服务中心和社会组织，分别具体负责社区治理的其他工作。

① 所谓弃管小区，主要是指那些无法落实产权单位或产权单位无力履行维修责任或被物业公司弃管的居民住宅区。弃管原因一般有三：一是业主与物业公司存在较大分歧；二是业主委员会不能发挥有效作用，甚至根本没有业主委员会，更没有规范的业主管理；三是相关职能部门缺乏应有的重视，“重建设轻管理”“重初期轻后期”。

社区党工委，作为社区整体工作开展的领导核心，其直接隶属于市区委，与社区公共服务中心合署办公。在社区党工委的内部人员组成中，一般设书记 1 名，副书记 1 名，成员 5 ~ 9 人，其成员原则上由社区居委会主任、辖区单位党组织负责人及公共服务中心成员等组成，撤销原社区党委（党总支），原社区党委所辖党支部保留，直接隶属社区党工委管理。社区党工委主要承担社区范围内统筹领导、协调各方的职责，对辖区内的群众性、社会性及地区性的工作总揽全局并负全责。

社区居委会，一个社区中设立一个，充分发挥其自治功能，但新社区委员会的成员要进行重新民主选举或推荐。其在社区党工委的领导下，积极组织居民开展自我管理、自我教育和自我服务，实行居民自治。另外，成立社区居民代表大会和社区议事委员会，完善社区自治组织架构。

社区公共服务中心，作为社区公共服务的窗口，推行“一站式”服务。社区公共服务中心按照精干高效的原则，统一内设经济服务、民政事务、社会保障、人口计生、文明创建、综合维稳信访、综合事务七个服务窗口，对进驻社区的所有事务实行“一厅式”审批与“一站式”集中办理，最大限度地压缩办事时限，简化办事流程，提高服务效率。社区公共服务中心一般设主任 1 名，副主任 2 名，推行主任负责制，且主任一般由社区党工委副书记或居委会副主任兼任。中心内设相关职能岗位，各职能岗位和社区居委会各专门委员会实行两块牌子一套人马，同时对一岗多人的岗位明确其牵头负责人。

社会组织，作为社区自治的组成要件，应充分发挥其在社区中广泛动员、互帮互助、灵活机动的志愿服务作用，壮大社区社会组织的队伍，推动社区服务的广泛化和丰富性。面对扩大的社区规模、社区公共管理和公共服务的有效提供仅仅依靠社区居委会是很难实现的。因此，新社区则应积极引入市场和社会力量进入社区，加大辖区内业主委员会、物业管理机构以及群众性的协会团体等组建力度，鼓励家政、医疗卫生服务站、养老托老等专业服务组织在社区内开展专业化的社区服务，支持其参与社区治理，满足居民不同层次的服务需求，推动社区服务社会化。

其实，需注意的是，除了上述这种在社区体制机制上突破的社区自治模式外，当前我国还存在着完全以居委或业主为主导的院落自治、业主自治等自治型社区治理模式以及为数不多的企业主导型的社区治理模式和专家参与型的社区治理模式。严格意义上讲，后两种类型的社区治理模式也均属于自治型社区治理的创新模式。企业主导型的社区治理模式主要是指依靠市场主体如房地产企业、物业公司等提供社区公共服务，推动社区发展，如武汉的百步亭社区、深圳的桃源居社区以及北京的怡海家园社区等。专家参与型的社区治理模式主要指专家学者通过提供咨询或直接介入的方式参与社区公共事务，为社区治理创新提供必要的智力支持和社会资源，[①] 比较具有代表性的是当前北京市海淀区开展的“清河实验”试点社区。[②]

第三节　混合型社区治理模式

混合型社区治理模式介于社区自治型模式和行政主导型模式之间，在这种治理模式中，政府对社区的发展发挥指导性的作用，政府与居民在社区治理中均处在主导地位，运行模式是自上而下和自下而上两种方式的有机结合。

一、混合型社区治理模式概述

混合型治理模式是一种合作型的社区治理模式，指政府与社区均处于主导地位、政府推动与社区自治相结合、自上而下与自下而上两种方式并轨的社区治理模式。这种模式处于行政模式向自治模式的过渡阶段，其特点是政府对社区治理加以规划和指导，并予以资金支持，但政府对社区的干预相对宽松，社区工作和社区建设仍以自治为主。此模式下的政府角色介于自治型与行政型之间，起着指导和支持作用，指导是指对社区工作和建设的规划与指导，支持是经费上的支持。这种模式在国外主要以日本、以色列等国家为代表。而这一模式在我国近年的特大城市社区治理中，也呈现愈发显著的迹象，如武汉的“江汉模式”、深圳的“盐田模式”等。

这种模式下，其突出特点是，由政府人员与社团代表共同组成社区治理机构，在政府的规划、指导下对社区进行治理，并由政府提供较多的经费支持，但政府的干预相对比较

① 李红娟，胡杰成．中国社区分类治理问题研究［J］．宏观经济研究，2019（11）：145.

② 清华大学社会学院充分利用自身学科及其相关教育资源优势，在北京市海淀区清河社区开展社区营造，积极引导、培育社区居民探索社区自治之道，走出了一条“使自己的教育力量辐射到未来社区发展”的专家参与型社区自治的新路子，目前这一社区营造实验被称为颇具中国特色的“清河实验”。

宽松和间接，社区组织和管理以自治为主。如在以色列，社区中心协会是全国性的社区组织，实行董事会负责制。董事会成员一般由经过居民代表选举产生的政府代表、地方代表和其他机构代表等组成，国家对社区中心协会的指导、支持主要通过教育部及文化和旅游部进行，社区中心协会对全国各个地方的社区中心负有指导、协商、培训、监督的职责，社区中心则实行委员会负责制。

结合实际，实践中我国的社区自治形态不会是像西方那样实现一种高度的独立自治模式，但也绝对不会返回到以往的高度依赖模式之下，更多的是趋向于一种基于二者混合型的社区治理模式的建构。这种混合型社区治理“是一种集体选择过程，是政府、社区、企业、非营利组织、居民等之间的合作互动过程。这一过程是政府与社区组织、社区公民共同管理社区公共事务的活动过程”①。某种程度上，混合型社区治理，既带有民主自治的性质，又具有东方文化注重行政性的特征。在此模式下，社区组织和公民较为积极地参与社区建设、发展与治理，社区组织会承担一定的社区管理职能，其作用不可忽视；公民的参与主要体现在参加各种志愿活动上。

总之，混合型社区治理模式对当前我国社区治理工作由“行政主导型”走向“自治型”具有重要的过渡意义。

二、个案延伸：武汉“江汉模式”和深圳“盐田模式”

（一）江汉模式

武汉市江汉区的社区治理模式，是以社区为依托，通过构建基层微观自治组织体系，转变政府职能，提升社区自治功能，创新管理体制，再造运行机制，从而构建出新型的政府行政调控机制与社区自治机制相结合，政府管理功能与社区自治功能互补的城市基层社区管理体制。从根本上来说，这一模式是行政调控机制与社区自治机制结合、行政功能与自治功能互补、行政资源与社会资源整合、政府力量与社会力量互动的混合型社区治理模式。

① ［美］戴维·奥斯本，特德·盖布勒．改革政府：企业家精神如何改革着公共部门［M］．周敦仁，等译．上海：上海译文出版社，2006：162.

实践中，一方面，江汉区通过政府职能转变以实现政府服务供给与社区自治目标的契合。[①] 另一方面，江汉区将社区定位为“小于街道、大于居委会”，并成立了社区成员代表大会、社区居委会和社区协商议事会[②]三个社区自治组织机构，以实现社区协商与治理。主要做法如下。

（1）理顺社区居委会与街道、政府部门的关系，明确职责，保障社区居委会的自治性。包括：明确居委会与街道办事处是指导与协助、服务与监督的关系，而非上下级行政关系；重新界定街道各行政部门与社区组织的职责，街道负责行政管理，承担行政任务，而社区居委会负责社区自治，不再与街道签目标责任状，并有权拒绝不合理的行政摊派；建立社区评议考核街道各职能部门的制度，并以此作为奖惩的主要依据。

（2）政府职能部门面向社区，实现政府工作重心下移。区街政府部门要做到“五个到社区”，即工作人员配置到社区、工作任务落实到社区、服务承诺到社区、考评监督到社区、工作经费划拨到社区。

（3）权随责走，费随事转。主要表现为：区街政府部门需要社区居委会协助处理“与居民利益有关的”工作时，经有关部门批准，并征得社区组织同意后，区街政府部门必须同时为社区组织提供协助所需的权力和必要的经费；当区街政府部门做不好也做不了的社会服务性职能向社区转移时，必须同时转移权力和工作经费，做到“谁办事、谁用钱、谁负责、谁有权”，从而保证社区在协助工作时或在承接社会性服务职能时，做到“有职、有权、有钱”。

（4）责任到人、监督到人。为保证区街政府部门职能转换到位，不走过场，根治过去那种“遇见好事抢着做，遇见麻烦无人做，遇见责任踢皮球”的顽症，建立“责任到人、承诺到人和监督到人”的实施机制。

（二）盐田模式

盐田模式是深圳市盐田区在城市社区自治组织治理体制上的一项改革创举。盐田区正式设立于1998年，位于深圳市东部，辖区面积74.99平方公里。截至2021年，常住人口

---

① 江汉模式的实践问题之一，就是如何既坚持社区民主自治理念，又确保政府基层管理通过社区干预得以实现。其实，较为务实的做法是，在社区自治的初始阶段，政府力量在一定程度上的介入是必要的，但这种介入不能变为“干预”和“操作”，而是应该尽快培育社区由“被组织”状态向“自组织”状态转变。形象点说，即政府在社区自治包括社区选举中，既不应该是“一只沉重的手”，也不应该是“一只看不见的手”，而应该是“一只轻轻推动的手”。

② 江汉区的社区协商议事会并非社区成员代表大会的常设机构。

21.54 万人，其中户籍人口 9.19 万人，非户籍人口 12.35 万人，盐田区下辖社区工作站 18 个，在这个基础上实行盐田模式，不论是人力财力还是人员地区选择都可以说是非常合适与适用的。

盐田在城市社区管理创新中，创新产生盐田模式，既是解决转型期我国社区管理诸多问题的必要手段，又是提升我国城市管理水平与效能的重要途径。深圳市盐田区以社区管理体制和运行机制为突破口，运用“议行分设”的理念积极探索社区组织体系的完善，不断健全社区的功能。盐田区的这些创新活动在城市社区具有重要的示范意义。

盐田区按照“议行分设”理念，创新社区组织结构，形成了“一会两站”的社区治理模式，即由民主选举产生的社区居委会，作为一个对社区公共事务进行议事、决策、监督机构，不从事具体的社区工作，以使其居民代表性更强、更广、更集中、更合理合法；在社区居委会下面设立社区工作站和社区服务站两个专门的工作机构，共同执行社区居委会的决策：社区工作站主要承担政府交办的大量行政性工作，包括社区环境、社区治安、社区文化、社区卫生、社区计生等工作；社区服务站主要完成群众需办的社会公共服务，包括社会福利和便民利民服务工作。

随后，盐田区又将社区工作站剥离出社区居委会，积极推动政府管理重心下移，通过建立区社区建设委员会办公室—街道社区建设委员会办公室—社区工作站的垂直管理体制，使政府的职责、任务、资金、人员等统一整合至社区工作站。这一制度设计的意义在于还职能于社区，有效地协调了市、区二级政府与社区的纵向关系，初步建立了合理分权的政府与社区间管理体制，使各个主体各司其职，各有其权，各负其责。

社区建设与发展要努力提高社区服务和社区管理水平，全方位满足居民生活需求，提高居民生活质量。根据这一理念，盐田区依据本地社区的实际情况，因地制宜，确立了一系列社区的长效管理机制。

在社区资金筹集方面，建立了资金保障机制，即政府向社区拨款由零散型向预算制转变。在城市社区资源的整合和利用上，建立政府部门、居民和驻社区单位共建机制，逐步实现由单位所有为主转变为社区资源共享为主，打破过去那种资源为单位独有的格局，充分挖掘和利用社区的人力、财力、物力资源以及其他自然的和社会的资源；在社区公共事务的管理手段上，由行政管理为主转变为社区居民依法自治、民主管理为主。社区居委会组织没有行政色彩，实行自我管理、自我教育、自我服务和自我监督，并通过直选产生真正的居委会自治组织，强化了其自治功能。当选的居委会成员把主要精力放在做居民权益的维护者和政府与居民沟通的桥梁的角色上。这对于进一步完善和发展城市基层民主有着重要意义。通过这些长效管理机制的确立，强化了社区自我管理的能力，促进了政府与社区从内容到形式上的良性循环，并使得地方政府从民主授权机制中获得公众的认可，有利于实现高效、开放的、负责的公共管理。

深圳盐田模式的主要特征凸显在以下方面：一是社区居委会的自治能力得到了扩展和升华；二是拓宽了公民参与政府决策和社区生活的渠道；三是行政成本和管理成本大大降低；四是改进了社区居民的服务机制，提升了社区居民对社区管理的满意度水平。然而，盐田模式建设的成功经验也表明，这种模式需要社区居委会本身具有一定的财力维持自治需求，否则，缺乏政府支撑的社区居委会将可能会步入资金有限、权力有限、人才贫乏等困境，社区自治工作很难开展。① 这种模式的缺点可以通过政府补贴等措施来解决，从目前看，这种混合型的治理模式取得了很好的成效。

需注意的是，随着当前我国城市社区治理创新步伐的不断加快，现实工作中更多的社区治理实践将愈发趋于自上而下的党建引领与自下而上的居民参与之科学对接的复合型社区治理模式，这不仅是兼具自上而下政治合法性和自下而上社会合法性的社区治理模式的融合创新发展，而且更是中国特色社会主义理论在基层社会治理中的创新实践与应用。具体来说，这一复合治理模式具有以下三方面的突出特征。②

（1）高度的人民性。盐田区委、区政府高度重视民生微实事，区委书记明确要求民生微实事要简化程序、提质提效，把事情办好。盐田区民政局党组多次研究民生微实事工作，为全区民生微实事确定了“航向”。盐田区各街道党工委狠抓对民生微实事项目领导，每季度定期听取民生微实事工作汇报，研究民生微实事项目征集、实施情况。海山街道党工委还结合辖区特点，设置了带有党味的民生微实事标识，让群众一目了然地知晓党和政府为民办事的硕果。盐田区各社区党委以党建为引领，充分发挥社区党委的统筹作用，通过民生微实事项目，把社区居民最真实、最迫切的愿望和诉求广泛征集起来、及时推动解决，积极回应群众需求的“最后一米”，真正做到了党的工作和群众利益的高度统一。未来，社区党建应当进一步减少形式性的考评，而增加对党建在实务中协助群众、方便群众

① 谭日辉．北京社区治理机制研究［M］．北京：中国社会科学出版社，2018：19－210.

② 李浩，原珂．新时代社区党建创新：社区党建与社区治理复合体系［J］．科学社会主义，2019（3）：82－83.

的能力和责任的考核，在涉及教育、医疗、就业、科技、文化、体育、商业、维权等与人民群众的利益息息相关的基层事务中发挥更充分的作用乃社区党建创新的题中应有之义。

（2）高度的复合性。营造共建共治共享社会治理格局是创新社会治理的思想指引和行动指南，构建更加具有系统性、科学性和时代性的社区党建与社区治理复合体系是党建创新的必然趋势，“复合治理的本质是合作、协商与互动，其特点是元治理与协商治理有机融合，权责相统一”，高度的复合性要求党建与治理的联动运转机制能够满足政党、政府、社会、公民合作治理的需求；在效果追求上也必须具有统筹城乡间、区域间、行业间、不同主体间的利益诉求的能力，能够对不同价值进行排序，寻求均衡发展。

（3）高度的灵活性。社区党建引领是在回应时代发展与社会需求中不断向前推进的，时代发展的快速性和社会需求的多样性要求社区党建创新引领具有高度的灵活性。在社区党建与社区治理的复合体系中，社区治理结构具有相对的稳固性，而党组织与党员的灵活性更高，通过嵌入、下沉、联动的方式，社区党建不仅实现了与社区治理的复合，而且能够随着时代发展和社会需求调整嵌入、下沉、联动的策略和机制，对社区治理的中心议题作出迅速回应，降低各种成本损耗，及时解决人民群众的需求。

第四章　城市社区治理体系

城市社区治理体系和治理能力现代化是实现国家治理体系和治理能力现代化的基础。城市社区治理体系作为社会治理体系的重要组成部分，亦是一个综合性的基层社会系统工程，其既涉及社区管理体制、公共服务的供给与运行，以及治理社区公共事务的制度框架、组织体系、规则机制和策略方法等要素，也涉及社区参与、社区文化、社区教育、社区环境等具体方面。

第一节　社区参与

社区不仅是国家治理的基本单元，更是公民日常生活的重要场所。实践中，“社区治理”的“在场境”和目标决定了社区民众参与不但有其权利、责任和策略等方面的合理性，[①] 而且是新时期社区可持续发展与城市更新发展深入推进的根基所在。

一、社区参与及其发展

社区参与是指社区的居民群众自愿自觉地参与社区内的各种活动和事务的行为，它能

① 顾东辉.“三社”联动的内涵解构与逻辑演绎［J］. 学海，2016（3）：104－110.

激发社区居民群众参与和自己有关的社区事务的积极性，凝聚社区的居民群众，促进社会组织的发展。通常社区参与被认为是民主的基石，在社区里居民能够行使权利、履行责任、积极参与公共生活（特别是通过在居民和地方选举出来的代表之间维持对话）。在现代社区治理中，社区参与的主体主要涉及三个层次：核心参与者/群体、志愿者和外围参与者。而实践中，“有意义的居民参与”则至少涉及三个维度：一是居民参与是否有明确的社区公共问题意识；二是政府能否针对不同的居民，设计出不同的参与方式；三是这些参与能否产生实质性的效果。

某种意义上，社区参与的关键是社会资本。公民参与的网络孕育了一般性交流的牢固准则，促进了社会信任的产生。这种网络有利于协调和交流，扩大声誉，因而也有利于解决集体行动的困境。在现代社区参与中，社区参与意愿受居民年龄、性别差异、受教育程度、收入水平、居住年限、婚姻状况以及参与经历等因素的影响。在此，值得关注的是，社区民众中的“意见领袖”。通常，社区“意见领袖”是由社区经济精英人士、社区文化精英人士、社团组织的负责人士和社区社会热心人士等几类人群构成。为此，若要积极吸纳各种社区“意见领袖”参与到社区治理中来，则必须采取相应的策略以充分调动他们的积极性，使其自愿参与到社区公共事务的管理中来，这样既可以从源头上避免与化解掉很多不必要的矛盾纠纷，而且还可以有效地带动社区居民的自发性参与，[①] 使得社区参与更具活力，更具持续性。

此外，当前我国社区居民参与在实践中还存在一些问题，亟须引起关注。一是在参与动机上，多为“被动式”参与（动员型的“被动式”参与），自发、积极、主动性的参与较少；二是在参与方式上，以行政动员型参与为主（社区以行政性的手段动员社区居民参与），自发型参与为辅；三是在参与层次上，当前我国社区居民参与社区事务的层次普遍相对较低，文体类活动居多；四是在参与程度上，不同类型的社区，居民参与度差异较大。总的来看，老旧小区[②]的参与度较高，现代商品房式社区的居民参与度相对很低。为此，如何有效调动现代商品房式社区居民的参与度仍是一个值得探讨的问题。此外，社区居民参与社区事务的整体意识不强，不仅极大地影响了社会组织的健康发展，而且也影响

① 与“自发性参与”对应的是“被动性参与”。后者则是社会转型期中国城市社区参与的主要特征，其更多的是“参与形式”大于“参与意义”。

② 老旧小区是相对于新建的商品房小区而言的，指的是开发较早的住宅区。此处所指的老旧住宅区主要是指没有实行物业管理、由楼房构成的住宅区。

了社会组织参与社区治理过程中作用的发挥。为此，实践中，亟须在以上方面持续改进与提升。

二、社区参与创新：开放空间

开放空间是当今我国城市社区参与的重要创新形式或技术之一，它最初是由哈里森·欧文（Harrison Owen）于20世纪80年代提出来的一种对话形式，它的出现使得各种群体可以在非常短的时间内通过自我组织来有效处理复杂的问题。参加者围绕一个具有重要战略意义的中心主题，在同时举行的工作会议中创建并管理他们自己的议程，让人们能够在他们真正关心和投入的领域进行全程参与并作出贡献。这是一种更好地举办会谈的方式，可以发展为一种适用于整个组织或较小社区的新的组织方式。

开放空间的讨论要遵循四个基本原则：①与会者都是正确的人选，不要去想哪些特定的人应当参加；②开始时都是正确的时间，当万事俱备时事情就会发生，既不会提前，也不会错后；③发生的事都是唯一可能的事情，不要去想事情应当如何发生，而是关注实际已经发生的；④结束时就是该结束了，要解决的问题比日程表更重要。开放空间还有一个双脚法则，它鼓励人们对自己的学习、平和心境和贡献负责。如果某人在某处感到他们不能学到新知或者不能做出贡献，双脚法则鼓励他们离开并转到另一个他们认为自己会有所贡献并能全身心投入的群体。这些原则和定律为开放空间提供了一种包容性的场景，以鼓励人们为其所学和所作的共享负完全责任。他们创造出一种情境，在那里人们专注而努力地工作，但其对惊奇依然是灵活的和开放的。在开放空间集会中，“做好吃惊的准备”是一种典型的提醒。

总之，开放空间不仅能够依其自身的方式来运行，而且开放空间也能平行地或更好地与其他工具或方法结合起来运作，如世界咖啡屋、理解性探寻、场景规划[①]等其他方法。为什么开放空间与其他方法结合起来运作是重要的，其原因之一，在于存在这样一个关键风险：开放空间会议的结束不需要有一个不同群体之间的集会。许多伟大的对话也许已经发生于小群体之中，但是它们并没有充分地交织在一起。对于运用开放空间这一方法的促

① 西方国家近年来提出了诸多新的对话方法，如理解性探寻、变革实验室、围圈对话、深度民主、探索未来、和平学校、开放空间、情景规划、持续对话和世界咖啡屋等。参见常健，原珂. 对话方法在冲突化解中的有效运用［J］. 学习论坛，2014（10）：45.

进者和组织者来说，为发现一个建设性的开放空间会议奠定基础工作的方法和去发现创造这一集会与整体之间的重新联系的方法，是极为重要的一项挑战。另外，尽管哈里森·欧文指出开放空间在冲突情境中是有用的，但是其风险在于冲突各方只选择那些与其持有一致观点的人们一起工作。在这种情境下，把其与那些更直接以化解冲突为目标的方法结合起来使用，则更为有效。此外，随着世界咖啡屋与许多其他的对话形式的出现，对话的真正艺术形式在于认同那些正确且具有吸引力的问题，那些真正吸引人们出于自发而投入一种思考与行动共同存在的共享领域的问题。

第二节　社区文化

文化是城市的灵魂，社区与文化不能割裂。文化品位决定社区品质，社区文化如何，不仅影响到居民的幸福指数，而且也直接影响到社区的整体形象。

一、社区文化及内涵

文化是一个既简单又复杂，既具体又抽象的概念。在中国古代，“文化”一词通常是文治与教化的简称。古人把“文治武功”作为一种境界，“文韬武略”作为一种手段，“文如其人”作为一种风采。本质上，文化首先是外部事物在人的内心世界的意识化，是作为知识、观念、规范、价值等内在于主体人的意识之中，活跃于人的心灵世界的东西。英国人类学之父爱德华·泰勒较早将文化作为一个中心概念提出来。他认为：“文化，或文明，从广义的民族学来说，是社会成员所掌握和接受的任何其他的才能和习惯的复合体，具体包括全部的知识、信仰、艺术、道德、法律、风俗。”① 这是综合性的、现象描述性的定义，指出了文化的整体性，这也是目前较为具有代表性的文化定义。

通常，文化是在一定的空间范围和时间向度内生成的，而社区是文化的土壤。关于社区文化的概念，从不同的视角来解读，其内涵也不同。

---

① 中国大百科全书社会学编辑委员会. 中国大百科全书（社会学卷）［M］. 北京：中国大百科全书出版社，1991：357.

（一）从生活方式的角度来定义

吴文藻认为："简单来看，社区文化是某一个社区的居民所形成的生活方式，也可以说是一个民族应对环境的总成绩。"① 郑杭生认为："社区文化包含人类的精神生活方式和物质生活方式两个层次。前者主要包括人们的价值结构、信仰结构和规范结构诸方面；后者主要指人们衣食住行及工作和娱乐的方式。"② 奚从清认为："社区文化，就是指在一定的社区内，人们在社会生活过程中创造孕育出来的人工环境、行为模式和生活方式。"③

（二）从广义狭义的角度来定义

广义的社区文化，是指社区居民在特定时空内通过生产劳动为社会增加的所有物质财富和精神财富。狭义的社区文化，则指社区居民长期在特定环境活动过程中所形成的各种文化现象的总和。

（三）从特色文化的角度来定义

社区文化"包括在它的语言文字、公共象征、知识信仰、知识体系以及有关行为程序中的惯例、规则与特定方式之中，是指社区内相对统一的一种文化。它与其他社区的行为体系有着很大的区别，例如截然不同的居住形式，差异性较大的语言，不同的经济观念等，这是一种社区居民公认的社区文化，同时这种文化又约束着社区居民的行为方式和思维方式"④。

（四）从群众文化的角度来定义

社区文化是社会文化在社区中的反映，是地域性的群众文化。社区文化的价值取向、道德评价和感情色彩等，深植于社区且被社区居民所认同，并对社区内的居民具有一定的约束力，这种规范作用是法律约束所难以达到和不可替代的。⑤

（五）从文化系统的角度来定义

社区文化指的是特定社会区域当中人们各方面的行为所构成的文化生态系统，既包括这一区域内人们的生产方式和生活方式，也包括该区域内社会成员的理想追求、价值观

---

① 吴文藻．文化表格文明［J］．社会学界，1939（10）．
② 郑杭生．社会学概论新修［M］．北京：中国人民大学出版社，1987：259．
③ 奚从清，沈赓芳．城市社区服务［M］．杭州：浙江大学出版社，1989：159．
④ 方明，王颖．观察社会的视角——社区新论［M］．北京：知识出版社，1991：125．
⑤ 阎志民．跨世纪治国方略［M］．西安：陕西人民教育出版社，1999：252．

念、道德情操、生活习俗、审美方式、娱乐时尚等。[①]

（六）从文化活动的角度来定义

美国学者凯西布斯认为：社区文化主要是指社区文化活动，活动内容主要包括：艺术活动、课堂学习、剧院演出、节日庆典、挽救失足青少年教育、环境美化、文物保护和旅游等。[②]

由上可知，社区文化的内涵很丰富。简言之，社区文化通常是指在一定区域范围内和一定社会历史条件下，社区成员在社区社会实践中共同创造的具有本社区特色的精神财富及其物质形态。它涉及视觉文化、环境文化、行为文化、制度文化和精神文化等内容，如社区节庆文化是集多种社区文化于一身的典型体现。从根本上来说，社区文化与其他文化一样，是一种独立存在的亚文化，也是整个社会文化的重要组成部分。因此，社区文化同样具有地域性、群众性、实用性、分散性等一般文化的诸多特征。现实生活中，社区文化还具有娱乐和健身功能、认知和育智功能、传承和整合功能、审美和创造功能等。特别是随着新时期我国学习型社会和终身教育的深入开展，新时代的社区文化对居民群众的综合素质影响越来越显著，其愈发凸显在价值导向性、情感归属性、行为引导性和教育实践性等方面。某种意义上，在新时期，文化是魂，使民族走向复兴；教育是根，让花朵承载希望。以社区教育和终身教育为依托，创新社区文化模式，营造平等、公正、相互关怀的社区社会环境，提升人民的归属感和幸福感，是新时期社区文化建设的终极使命。

二、社区文化与社区精神

社区文化与社区精神密切相关，但其有别于社区精神。社区精神是社区文化和社区价值追求，它表现为人们对社区文化、习俗、行为方式、价值观念的支持、接纳、认同与遵从。社区精神既是社区治理的基础与方向，是社区教育的核心，也是连接社区居民之间的情感、关系的纽带，更是社区人的身份认同和价值，心理的归属，是人们形成凝聚力的核心。社区不仅是人们居住的空间，而更应该是人们精神、情感的共鸣与寄寓之地。[③] 而社区文化是社区的精神“魂魄”与“气质”所在。一个社区的持续发展，不仅需要以发展

---

① 龚贻洲．论社区文化及其建设［J］．华中师范大学学报（哲学社会科学版），1997（5）：4.

② 转引自叶南客．都市社会的微观再造——中外城市社区比较新论［M］．南京：东南大学出版社，2003：363.

③ 李宜芯，李盛聪，李瑞雪．社区教育促进社区治理：意义、问题及路径［J］．继续教育，2018（3）：118.

的眼光来引领，更需要社区文化来支撑，特别是对所在社区特有内在文化的传承与发展。一个社区的文化，就像一所大学有着自己独特的气质一样，应是这个社区的气质与灵魂。在这种意义上，社区文化的开展并不只是日常的“吹”“拉”“弹”“跳”“唱”“琴”“棋”“书”“画”“摄”，也不是跳跳“广场舞”、上街“打打鼓”、玩玩“柔力球”、成天“斗地主”，而是要用一种精神来充实丰富社区的文化载体，自觉形成社区居民共同的归属感、责任感与认同感。

本质上，社区文化是一种家园文化，它反映的是居民的精神面貌和价值追求，为完善社区治理提供价值认同基础和广泛深厚的群众基础。为此，新时代的社区文化建设应以为社区居民的生活营造良好文化氛围为根本目的，满足社区居民群众的文化需求，通过丰富多彩、寓教于乐的文化活动，增强社区居民的凝聚力和归属感，逐步形成社区居民共同的道德观和价值观，营造具有强烈的时代感并被社区广大居民广泛认同的社区精神和文化理念。同时，新时代的社区文化在促进现代社区治理进程中也将持续发挥以“魂”铸人、以“德”树人、以“文”化人、以“技”助人、以“情”聚人的功能。

三、案例延伸：云南省安宁市八街社区文化创新

八街社区地处云南省安宁市八街街道集镇，八街社区附近有安宁青龙峡风景区、安宁曹溪寺、安宁文庙（连然文庙）、安宁市博物馆、法华寺石窟、安宁温泉等旅游景点，有安宁红梨、玉婷特色烧烤、八街食用玫瑰、米凉虾、斑铜、县街红梨等特产，有昆明羽毛画、昆明调、阿诗玛、撒尼人服饰、阿细跳月等民俗文化。八街有着深厚的文化底蕴，素有“花灯之乡”的美名。随着社会经济的快速发展和人民对美好生活的向往，群众对精神文明、文化活动、生活理念的需求不断提高，八街社区党支部以建设文化惠民示范社区为契机，本着文化育民、文化惠民、文化乐民的理念，多次投入资金，打造八街云程广场舞台，完善灯光、音响舞台背景等设施，为群众开展文化活动提供了保障阵地。这样，一则营造出一个形式多样、积极健康的社区文化娱乐氛围，丰富了社区群众文化生活；二则有效挖掘了本地特色文化，以群众大舞台的方式为群众搭建了展示自我的平台，既弘扬了地域传统文化，又充分激发了广大群众参与的积极性；三则把基层党建与文化建设结合起来，充分发挥了党建促文化，文化促党建的相互作用。

（一）具体做法

（1）加强组织领导，注重统筹协调。首先，明确专人负责文化活动的开展，召开

“两委”班子会议制订工作计划方案。其次，确保经费到位，以有效有序开展工作，做好年度文化活动经费，确保各项文化活动正常开展。最后，共驻共建，加强与街道各单位的沟通联系，利用节日特点与各单位联合开展文体活动，使活动内容形式丰富多彩。

（2）汇集全部力量，打造群众大舞台。通过整合省市专项资金、社区、上级部门、企业等力量共建舞台，多方面筹集资金，建立合理多渠道的投入体系。群众大舞台以集镇云程广场为中心点，对原有舞台进行修缮，对音响、灯光、背景等设施更新，保证活动顺利举行。

（3）发挥群众文体队伍的作用，打造文明生活。一方面，组织街道文艺队伍参与活动。利用节日特点组织文艺队伍开展文艺演出活动，社区锦绣文艺队的花灯小戏参加昆明台《我家花灯》节目的录制，每年安宁市组织的“8·8全民健身比赛”、辖区的文艺队伍都能取得很好的成绩。现在辖区内长期活跃着四支文艺队伍，擅长花灯小戏、广场舞、小品等活动，文艺队节目内容丰富多彩、每次演出都深受观众的喜爱，“四支队伍”成了群众大舞台的活动主体。另一方面，广泛动员群众参与。社区将开展文体活动的时间固定，确定好主题后，通过广播等宣传方式，让街道范围内的文艺队伍、文艺爱好者积极参与活动，群众大舞台让有一技之长的群众能得到一展身手的机会。

（4）坚持文化为民，力求取得实效。一则着力满足群众文化需求。群众大舞台为普通群众搭建了展示自我的大舞台，充分激发了广大群众的积极性、丰富了群众的文艺娱乐生活。二则举办活动主题鲜明、内容形式多样。通过不同的主题来开展活动，既在群众中营造了浓烈的节日气氛，让文艺爱好者展示了自己的才华，同时让“我们的节日”主题活动得到了宣传推广。每年的春节及踩街文艺演出活动，内容形式多样，有自编自演的花灯小戏、表演唱等赞八街的文艺作品，吸引成千上万的外地游客到八街来观看，通过不同形式、不同内容的表演，让更多的观众了解了八街这个美丽的地方，吸引更多的外地游客到八街来游玩，为打造八街旅游小镇打下了坚实的基础。

（二）显著成效

通过上述举措，八街社区文化建设取得了显著成效。

（1）有效地缓解了基层文化供需矛盾。群众大舞台以普通群众为活动主体，群众可自编自演节目参与到活动。既充分激发了广大群众的积极性，又提供了展示自我的舞台，有效地缓解了群众文化的供需矛盾。同时，群众自发编排的花灯小戏、扇舞等群众性文化活动，打响了八街的花灯小镇这张名片，使许多业余文艺骨干和文艺爱好者通过这一平台，从田间地头走向舞台，很好地体现了“文化育民、文化惠民、文化乐民”的理念。

（2）有效地丰富了基层文化活动形式。群众大舞台系列活动，既满足了群众参演的文化需求，又丰富了群众的文化生活，其在形式上显得更具活泼性和多样性。同时，群众大舞台在活动中注重与当前的各项国家政策法规、知识有机结合，内容形式多样、活动影响深远、传播力度较强、公众参与度高，既突出主题，又富有时代性，能更好地贴近生活、贴近实际、贴近群众，为人民群众所喜闻乐见，使群众性文化活动更加丰富多彩。

（3）有效地整合了基层文化活动资源。为了不断完善群众大舞台的各项设施，使群众大舞台成为党和各级组织宣传政策法规的坚强阵地，同时为当地开展各种文化活动提供了阵地保障，也为今后持续发挥群众大舞台的社会效应创造了有利条件，为群众打造了一个自我展示的大舞台。特别是在挖掘和整理民间表演艺术、提升民间艺术品位方面，成效显著。

（4）有效地转变了基层文化角色意识。由上可知，群众大舞台通过“我搭台，你唱戏，明星就是你自己”这一口号，发动社会各界搭建群众大舞台，动员广大群众作为活动主体积极参与社区文化活动，使他们成为提高基层文化队伍素质和提升区域文化特色的主体力量。这一方面打破了原来政府既“搭台”又“唱戏”的局面，从而实现了真正的“政府搭台、群众唱戏”，树立了社区为民办实事的崭新形象。另一方面，还丰富了基层群众的业余文化生活，让社区民众更加坚定地走好文化自信的道路。

当然，目前还存在一些问题，如文化项目比较单一，没有探索出其他丰富多彩的文娱形式，覆盖群众群体有限；群众参与度有待提升，没有探索出更加吸引群众的文化参与机制等。这些问题都需在进一步发展中来解决。

第三节　社区教育

1960 年联合国发表的《社区发展与经济发展》报告中指出：社区发展的重点是人的因素，是人的培养、发展和教育。[1] 社区教育是现代城市社区治理的重要方式，办好社区

① 张康之，石国亮．国外社区治理自治与合作［M］．北京：中国言实出版社，2012：221.

教育能够支撑社区的良性、可持续发展，能够宣扬和引导主流价值观，同时还能够调和人和社会的发展矛盾。由此可知，社区教育既是新时代社区治理能力现代化的基础性支撑，亦是社区治理能力现代化的终极旨向所在。

一、社区教育的内涵

社区教育，顾名思义就是在社区内进行的各种教育活动。其实，“社区教育”这一概念在国际上正式确立和广泛应用是在第二次世界大战之后。目前世界各国对社区教育的界定不一，尚未达成共识。社区教育被广泛认为是一种将学校和大学当作面向所有年龄层开放的教育娱乐中心的过程，即政府在管理社会事务过程中可以利用社区教育的手段，调动人们内在积极性，培养自主意识，从而能动地参与社会的管理活动。学者叶忠海认为社区教育是指以社区为范围，以社区全体成员为对象，旨在发展社区和提高其成员素质和生活质量为目的的教育综合体。[①] 厉以贤则认为社区教育是实现社区全体成员素质和生活质量的提高以及社区发展的一种社区性的教育活动和过程。[②] 综上可知，社区教育是实现终身教育的重要形式和建立学习化社区的基础，其具备“全员、全面、全程的基本特征”。本质上，社区教育是一个“多元立体的系统”[③]，即把人一生各个学习阶段的学习活动连贯起来，实现学习在时间上的“纵向一体化”；把学校、家庭、社会教育因素整合起来，实现学习与生活在空间上的“横向一体化”，使各种教育形式连贯、协调。也就是说，纵向上它贯穿人的一生，横向上它是学校教育、家庭教育和社会教育的三结合。另外，关于社区教育的内涵，还需要从以下几个层面把握。

（1）与社区建设和社会工作的关系。社区建设是社区教育的发展基础，社区教育是社区建设的重要内容与载体。它对于满足人民群众日益增长的终身学习需求、促进人的全面发展、推进社区建设及学习型社会建设等都具有重要意义。与此同时，社区教育作为社区社会工作的一种模式，旨在营造平等、公正、相互关怀的社会环境，促进居民行为的改善和意识的提升，增强对社区的归属感。例如，社区矫正就是社区教育的一种有效实践形式，亦是社区社会工作的一项重要内容。某种意义上，社区教育的目的，既是为了培养成

---

① 叶忠海．社区教育学基础［M］．上海：上海大学出版社，2000：24.

② 厉以贤．终身学习视野中的社区教育［J］．中国远程教育，2007（5）：8.

③ “面向21世纪中国社区的终身学习的调查与研究”课题组．社区终身学习理念与我国社区教育转型［J］．教育研究，2002（11）：40.

员的社区集体观念和认同感，提高社区居民整体素质及生活质量，又是为了化解社区矛盾、解决社区问题，推动社区发展，实现社区善治。[①]

（2）与学校教育的关系。现代社区教育是一种区域性的教育社会一体化的教育模式，是有别于传统的学校教育、成人教育、职业教育的一种新型的教育模式。社区教育较之全日制普通教育，其参与群体无论在年龄、职业还是学习能力、时间和需求等方面都更为复杂多样。较之学校职业教育，社区教育更为关注在生活水平提高的同时居民终身学习能力的发展，而不仅仅止于职前终结性的专业技能教育，是终身学习理念[②]在居民中发挥影响的一个实践性立足点[③]。另外，社区教育的公益性、公平性等特点，容易被百姓接受和认可，使百姓乐意并自觉接受社区教育，社区教育的发展，弥补了原有教育体系的结构性缺失和制度性缺陷，社区教育资源人人共享，特别是弱势群体、困难群体享有平等的教育机会，受到特殊的教育关爱和服务，帮助他们掌握了生活生存的技能。此外，社区教育通过将家庭教育、学校教育、职业教育等整合融为一体，有效克服了家庭教育的封闭性、学校教育的局限性、职业教育的功利性等，这有助于社区教育成为建设和谐社会、推进教育公平的有效途径和手段。[④]

（3）与终身教育的关系。终身教育是贯穿于人的一生的，并与社会多元化、一体化、平等化等相关联的旨在提升全民素质的教育，具有全面性、普及性、机动性、多样性和系统性等特征。而社区教育作为终身教育体系的重要组成部分，是落实终身教育“最后一公里”的重要抓手所在。它不仅有力地推进着学历教育与非学历教育协调发展、职业教育与普通教育相互沟通、职前教育与职后教育有效衔接，而且还“焊接”着教育体系的缝隙，打造着一体贯通、一脉相承的终身教育体系链。具体来说，终身教育侧重从纵向的时间维度、兼顾空间维度来认识问题，科学定位终身教育在社会化大教育体系中的位置；而社区教育则是侧重从横向的空间维度、兼顾时间维度来认识问题，更多地和全民教育、社会教育靠近。虽二者各有侧重，但又相互交叉与弥合。

---

① 张康之，石国亮. 国外社区治理自治与合作［M］. 北京：中国言实出版社，2012：222.

② 终身学习是后工业化、后现代、后福利时代出现的教育新理念。在世界范围内，学习型社会与终身学习的理念出现于 20 世纪七八十年代。学习被认为是解决后工业危险社会所带来问题的灵丹妙药。C. Griffin. From education policy to lifelong learning strategies. 2001, p. 48. Jn P. Jarvis(eds), *The age of learning*, London: Kogan Page, pp. 41 – 54.

③ 宋德清. MOOC 在社区教育中的应用路径探索——基于开放大学建设的视角［J］. 远程教育杂志，2013（6）：68.

④ 陈乃林，刘建同. 学习型社会建设中的社区教育发展研究［M］. 北京：高等教育出版社，2010：167.

（4）与学习型社区、学习型城市和学习型社会的关系。社区教育是学习型社区、学习型城区、学习型城市建设的基本单位，它与学习型社区、城市和社会的建设是一脉相承，层层递进的关系。21 世纪是一个知识经济的时代。放眼全球，创新、知识、学习对于城市、地区乃至国家的财富积累、就业市场及经济发展所具有的巨大推动力已经成为广泛共识。而知识经济时代要求与之相匹配的学习化社会，亦要求有应对不断变化的经济与社会环境所需的学习型社区。社区教育作为学习型社区建设的具体形态和有效抓手，也是学习型城市与社会建设的出发点与落脚点所在。某种程度上，新时代的学习型社区既可以是一个城市，也可以是一个城镇或地区，其是以学习作为促进社区建设、发展和治理的核心手段，以完善的社区教育体系和普遍的学习型组织为基础，社区居民广泛参与多样化的社区学习活动，从而有效地提高社区居民的素质和生活质量，并促进社区持续发展的创新型社区。

最后，需要说明的是，关于社区教育的意涵，综上既有阐释主要有三个维度：一是为了社区的教育，以社区需求和终身学习为导向；二是属于社区的教育，强调社区参与和公民精神提升；三是通过社区的教育，重视社区教育资源的有效利用与整合开发，注重社区与教育的关联度以及社区教育的结构功能等。然而，本书更为注重的是社区教育作为新时期社区建设与可持续发展的重要内容之一，其与社区发展和社区行动的关系。社区教育只有真正服务于社区行动才能获得社区成员的认同和支持并取得真正的成功，反之大量的社区行动都是在社区教育的激发和帮助下形成并实现自己目标的。而社区发展则以社区教育和社区行动为主要路径，通过社区教育促进社区行动最终实现社区发展，这已经被国际社区发展经验证明为具有普适性的成功路径。① 在我国，新时期的社区教育需要把服务于社区居民的个体需求与服务于社区行动结合起来，把前者作为后者的手段和载体，实现社区教育、社区组织和社区行动的一体化，以最终促进社区行动特别是治理能力的不断提升。

二、案例延伸：重庆桃源居社区的“校社合作”

重庆桃源居社区的“校社合作”，是中国妇女发展基金会、桃源居公益事业发展基金会

① 某种意义上，社区发展的本质就是一个社区教育与组织的行动过程，是社区教育过程中的社区性在场。所谓社区教育的社区性则是指社区教育主体利用自身的知识、技能、经验和物质、经济等各种资源发动、服务、参与、组织社区行动，促进社区行动能力提高之过程。与非社区教育相比，社区教育的社区性在场主要表现在地域性、直接应用性、多元性和平等性等方面。周业勤，秦钠．社区教育中“社区性”的缺席与在场［J］．探索与争鸣．2010（3）：48－49.

两大国家级基金会与中华女子学院和重庆女子职业高级中学强强联手开展的“校社合作”。这在中国社区公益教育史上首开先河。实践中，其以重庆桃源居社区文化教育中心为平台，中华女子学院将在重庆桃源居社区开设大专、本科和研究生课程，以及博雅学堂。同时，借助这一平台，初中学历的社区妇女可以通过重庆女子职业高级中学攻读中专学历。经劳动部门批准，社区文化教育中心还将开设素质教育、职业教育等。按照当初的计划，在重庆桃源居社区五年开发期内，25～45岁的社区妇女可望全面普及一次。重庆女子职中将全面承办中华女子学院，为桃源居社区制订全员教育、妇女终身教育战略发展规划等。此外，社区文化教育中心，还将立足社区，面向社区开展学历教育、职业教育和素质教育等。

另外，在社区老年教育方面，重庆桃源居社区文化中心将设立老年俱乐部，开办老年大学，对符合条件的社区老年人提供终身式、全福利服务。在儿童教育方面，桃源居基金会将在毗邻社区的两江小学、渝北中学和女子职业高中这三所学校设立培优奖学金，在这三所学校就读的桃源居社区学子，只要符合相关条件，就可享受培优奖学金。选读女子职高的社区学子，只要符合条件，也会享有助学金。学校放学后，社区儿童素质教育中心还将提供午托、晚托服务以及节假日的素质教育服务。

在此，需注意的是，资金充足是重庆桃源居社区教育得以顺利推进的重要保障。在2013年重庆桃源居社区文化教育中心联合兴办启动仪式上，桃源居公益事业发展基金会定向捐赠1亿元，用于重庆桃源居社区开展社区全员教育、妇女终身素质教育和老年大学、社区儿童素质等公益项目。其中，7000万元用于重庆桃源居社区文化教育中心的场馆建设，建成后，该中心面积将达到1万平方米，成为中国社区文化教育的窗口和标志性建筑。另外3000万元用于今后重庆桃源居社区妇女、老年人、儿童全员终身教育经费。

追根溯源，可以说，重庆桃源居社区教育模式起源于深圳桃源居，但它并非简单地复制或翻版，而是深圳桃源居的“豪华升级版”：在场馆硬件上，重庆桃源居社区文化教育中心面积达1万平方米，在中国堪称独一无二；在资源整合上，该中心集各项功能于一身，如此巨大的“社区综合生活体”，在全国同样绝无仅有。此外，这块社区福利“蛋糕”所惠及的人群在重庆也将扩大。因为在深圳桃源居，二次置业的社区妇女是不享受社区公益教育福利的，而在重庆桃源居，不管您是二次置业或者租住，凡系桃源居人家会员，只要遵守“桃源人家”社区公约，便可享受到不同等级的社区公约服务与福利。

整体来说，重庆桃源居围绕民生，规划先行，建管统一，建设服务型善治社区。在此过程中，政府引导企业承担责任，大力培育社会组织，由此派生出了校社合作的社区公益教育体系。在社区开发期引导社会组织上马，在结束开发时，完成公益组织的培育，社区服务转为社区福利，成为政府公共服务的补充，形成了政府公共服务和福利良性转换的可持续发展机制。对此，北京大学法学院金锦萍认为，社区教育对于社区建设和社会的意义不可低估。第七届国际社区教育大会发表的《社区教育宣言》提到：没有社区的建设就没有社会的发展；一个强大的社区是医治各种社会疾病的基础；良好的社区教育能够加强社区建设；通过社区教育，才能使社会持续性地发展。其实，社区教育是一个公共领域的扩展，我们会发现有很多非常漂亮的小区，但是小区内的个体都是孤立的，缺乏归属感和安全感。在重庆桃源居社区，有了社区教育文化中心之后，实际上是把社区中各个孤立的，本身没有血缘、地域联系的个体有力联结的纽带相互连接，这是非常有意义的，可以说，社区教育本身就在构建真正意义上的社区。未来，重庆桃源居社区教育模式还需注意以下三方面的问题。

(1) 从政府层面，如何有效整合社区妇女教育与区域的中心工作、重庆渝北区各单位的教育职能、教育资源。比如说，渝北区的区教委、卫生部门、文化单位，如何和社区教育工作相衔接。

(2) 如何激励辖区单位，使其愿意乐意支持社区教育工作，达到共教、共助、共建、共享的氛围。

(3) 如何从法律、法治层面上来支持社区的教育及社区妇女教育工作等。

第四节　社区生态环境

某种意义上，开展绿色社区行动，建设绿色社区是建设美丽中国的根基所在。社区美，中国则美；社区和谐，则国家和谐。

一、社区环境及其意义

美丽中国首重生态文明的自然之美。这种自然之美既包括农村社区的山清水秀，也包括城市社区里的干净整洁。倘若我们所居住的社区垃圾遍地、污水横流、狗粪满目、车辆乱停，没有任何绿地，没有任何花草树木，这样的中国肯定谈不上是美丽中国。但是，不可否认的是，在现实生活中，确实还存在这样“脏乱差”的社区。因而，建设美丽中国应从我们身边的“绿色社区”行动与建设开始。当然，绿色社区并非“人造绿色生态”。近年来，随着国内房地产市场竞争越来越激烈，不少开发商希望通过层次化的园林设计打破原有的产品同质化，以种植名贵树种提高业主潜在的细节体验。某种意义上，这是一种显摆的心理，动辄几十万元的名贵树种并非真正的“绿色生态”，真正的“绿色生态”是指对大自然的干扰能降到最小，而不是“人造绿色生态”。所谓绿色社区，应是指在对大自然不造成干扰的前提下，以生态美好、环境幽雅为标准，给居民创造空气优良、流水清秀、树木成荫的舒适、优雅、愉悦的人居环境，提高居民的生活环境质量。很大程度上，整洁的社区环境，良好的社区生态，是人与自然和谐发展的具体体现与社区可持续发展的内涵所在，也是现代社区治理的外在展示和美丽中国建设的最基本要求。

特别是随着近年来我国城市化进程的快速推进，社区在城市建设与综合治理中的地位和作用愈发凸显。加强绿色社区建设，对于提升居民生活质量与幸福指数、美化城市环境与维护城市生态、提高城市管理和基层社会治理水平以及美丽中国等都具有重要意义。

（一）绿色社区是美丽中国建设的重要根基

美丽中国离不开“绿色社区”，“美丽中国”建设须从“绿色社区”及“绿色家庭”开始。社区，是人们日常生活工作的主要场所，人们在社会生活中的所有事项最终都体现为社区中的一个个家庭、一个个社会成员的生活经历在社区的集体上演。同时，社区作为社会的“全息缩影”，也是社会建设的落脚点所在，社会治理也需从社区治理做起。因此，建设“绿色社区”，既是美丽中国建设的结构基础和重要组成部分，也是当下推进环境友好型社会建设与可持续城市发展的有益探索。

（二）绿色社区是中国城市社区建设与发展的方向所在

城市治理是国家治理的核心所在。社区作为公共治理的最小单位，不仅是构成城市社会的基本单元，更是深化城市治理乃至社会治理与国家治理工作的重要基层平台。城市社区治理水平或程度的高低，不仅决定着城市治理的广度，而且决定着城市治理的深度。一个城市的社会治理水平在很大程度上体现在社区治理的总体水平上。在此意义上，绿色社区是中国城市社区建设与发展的方向所在。其不仅代表着我国城市社区治理水准的高低，而且还是公共治理和城市基层治理的关键环节。与此同时，绿色社区还是社区治理体系和治理能力现代化的具体体现。加快绿色社区建设，不仅对实现社区乃至社会治理体系和治理能力现代化建设具有重要意义，而且还对实现新时期全面深化改革的总目标具有重大战略意义。

社区是社会治理的基本单元，是党和政府联系群众、服务群众的重要载体。建设绿色社区是推进美丽中国建设的基础，美丽中国的建设离不开绿色社区的稳健运行与有序发展。富裕强大但环境污染不是美丽中国，山清水秀而人文素质低下同样也不是美丽中国。同理，“绿色社区”也不仅仅是自然生态环境优美的社区，更应是现代文明的人文社区、和谐社区。总而言之，绿色社区，作为中国城市社区建设、发展与治理的方向所在与目标追求，不仅是“管理有序、服务完善、生态宜居、平安文明、人际和谐、持续发展”的社会生活共同体，更是筑牢建构美丽中国的根基。①

二、锦丰镇沙洲社区——垃圾分类优秀社区代表

当前，垃圾分类工作已全面铺开，但仍然存在着居民分类意识不强、家庭分类准确率不高、物业宣传督导力度不够等问题。为进一步营造垃圾分类全员参与的良好氛围，形成常态化长效机制，推动居民习惯养成，锦丰镇沙洲社区从项目设计、资源链接和实践路径着手，实现了垃圾分类提升工作“三转型”。

（一）项目设计从“大锅饭”向“开小灶”转型

社区环境与居民生活息息相关，如何优化生活环境，提高居民垃圾分类意识和能力，成了社区管理的一项重要工作。自小区开展垃圾分类工作以来，沙洲社区在辖区内全面铺开，面向全体居民开展垃圾分类宣传动员。一段时间下来，社区发现垃圾分类工作推行速度缓慢，效果不明显，尤其是很多老年居民依然我行我素，垃圾混装混投，甚至不投放到垃圾分类收集点位，而家里投放垃圾的主力军就是这些老年人。针对这种情况，沙洲社区转变工作方式，找准重点服务对象，专门为他们开展垃圾分类培训，进行垃圾模拟分类指导，循序渐进，提高他们垃圾分类的意识和能力。另外，社区针对亲子互助，老年人比较容易接受的特点，做到“小手牵大手”，让孩子们去指导、监督父母、祖辈在日常生活中

① 原珂．发展绿色社区建设美丽中国［N］．中国社区报，2017-11-10（3）．

的垃圾分类行为，通过孩子的行为去影响大人，达到“教育一个孩子、影响一个家庭”的目的。沙洲社区将垃圾分类管理的“大锅饭”，做成了精细服务的“小灶食”，有效推动了社区垃圾分类工作。

（二）资源链接从“扁平化”向“立体化”转型

沙洲社区以社区、社会组织、专业社工破题，以“链接多方资源，推进三社联动”为抓手，推动垃圾分类工作重心下移，实行社区管理、物业协助、居民自治良性互动。社区充分发挥网格员作用，定期查看垃圾分类情况，对乱扔垃圾的行为及时制止和教育，确保垃圾分类工作落到实处。为更精准地开展垃圾分类工作，社区引进社会组织，由社工介入，给居民提供专业化服务。对社区居民开展垃圾分类知识讲座、知识竞赛等，并组织志愿者深入垃圾分类收集点，对居民垃圾分类投放进行现场指导服务。物业是小区垃圾分类的主体责任方，社区压实物业责任，强化对物业的考核，物业对小区撤桶并点、定时定点投放进行了多次实地考察，确定垃圾收集房位置和投放时间，加强了日常垃圾分类的管理和监督。在网格员的引导、社工的服务、物业的管理下，居民从一开始的不理解到逐渐认可，并将了解的垃圾分类知识转化为自觉行动，做到知行合一，逐渐提高居民垃圾分类的能力。

（三）实践路径从“填鸭式”向“浸润式”转型

垃圾分类，重在源头，贵在意识，因此垃圾分类工作的重心首先要培养居民的垃圾分类意识，沙洲社区根据居民和小区的实际情况制定针对性的宣传和活动实践，以此来转变居民分类意识，形成小区垃圾分类的良好氛围。在垃圾分类宣传教育活动中，社区一开始采取了比较单一的发宣传资料、上课培训等方式普及垃圾分类知识，但居民参与的积极性不高，活动成效微乎其微。社区另辟蹊径，联合社工精心设计垃圾分类创新活动，如“垃圾分类金点子人人争做智多星”“环保手工亲子秀”“活力派对新时尚”等活动，寓教于乐，居民在参与活动的过程中，潜移默化地对垃圾分类知识有了更深入的了解。榜样是一种力量，无形胜有形，能够带动周边的人自觉地参与到垃圾分类的行列中来。沙洲社区在推进垃圾分类工作的同时，在居民中挖掘垃圾分类的典范，如湖滨世家的曹文千家庭，曹文千是一名党员，也是环保志愿者，自垃圾分类开展以来，她一直带领家庭成员坚持从源头上分类，严格按照垃圾分类要求投放，在小区居民中起到了示范引领作用。

第五章　城市社区公共服务治理系统的概念界定与理论基础

城市社区公共服务是以城市社区发展为基础的，城市社区发展一定程度上决定了城市社区公共服务的发展和变迁动力。当前我国城市化所带来的城市社区迅速发展、分化以及结构变化也带来了城市社区公共服务的变革压力，促成了城市社区公共服务治理的发展和变迁。

第一节　城市社区公共服务

一、社区服务

社区服务源于西方发达国家的社区建设，但西方国家却很少直接用“社区服务”这一词语，而是更多地出现了社会服务、社会福利、社区照顾、社区福利等词。国内对于社区服务的界定也是脱胎于2000年中共中央办公厅和国务院办公厅转发的《民政部关于在全国推进城市社区建设的意见》中的社区建设概念。

2006年颁布的《国务院关于加强和改进社区服务工作的意见》提出要“以不断满足社区居民的物质、文化、生活需要为出发点，充分发挥政府、社区居委会、民间组织、驻社区单位、企业和居民个人在社区服务中的作用，整合社区资源，健全服务网络，创新服务方式，拓宽服务领域，强化服务功能”。并提出了要建立与社会主义市场经济体制相适应，覆盖全体社区成员、服务主体多元、服务功能完善、服务质量和管理水平较高的社区服务体系。虽然该意见并未对社区服务进行明确界定，但是强调了社区服务应该包括政府公共服务覆盖到社区，支持社区居委会提供社区公共服务、组织成员开展自助和互助服务，并为社区服务提供便利条件，培育社区民间组织开展社区志愿服务，鼓励各类组织、企业和个人开放单位服务设施、开展社区服务业务。

2021 年，国务院办公厅转发国家发展改革《关于推动生活性服务业补短板上水平提高人民生活品质的若干意见》（以下简称《意见》），这是围绕人民群众对社区服务的普遍关注和迫切期待，推动生活性服务业向高品质和多样化升级的全面、系统的政策性文件，是坚持以人民为中心的发展思想、提高生活性服务业发展水平的重要部署，为发展社区服务明确了目标任务和提出了政策举措。

从当前国家政策文件对社区服务的界定来看，社区服务是由社区多元主体，包括政府、社区居委会、民间组织、驻社区单位、企业和居民个人，整合社区资源，以社区居民和驻社区单位为服务对象，以基本公共服务、便民利民服务和志愿服务为内容的服务过程。社区服务具有以下四个特征。

（1）从内容上来看，社区服务包括了基本公共服务、志愿服务和便民利民服务，基本公共服务具有行政属性、志愿者服务具有社会公益属性、便民利民服务具有市场逐利属性，这三种服务基本形成了社会服务的内容体系。因此，可以看出这里所界定的社区服务就是社会服务的社区化，以社区的地域边界来限定社会服务的边界。

（2）从主体上来看，社区服务中政府、社会、市场和个人都参与其中，从社区服务所涵盖的内容来看，各个主体承担着社区服务的供给责任，而政府还承担着社区服务的管理者职责、社区居委会承担着社区服务的协调者角色。因此，社区服务具有多中心的供给特征，不同的主体在其中发挥不同的作用，扮演不同的角色。

（3）从价值属性来看，社区服务包括了无偿服务和有偿服务。服务的价值属性由服务的特征所决定，有偿服务包括完全市场化的市场服务和准公共产品性质的公共服务，无偿服务则包括基本公共服务和大部分的志愿性公益服务。服务的价值决定公共服务的管理方式，因此社区服务是典型的多样化管理模式。

（4）从对象上来看，社区服务以社区居民和驻社区单位为服务对象。社区服务具有明确的服务边界，并以此作为服务资源配置的要件。但现实中，社区服务中的大部分服务并不存在服务边界的限定和约束条件，这也成为当前社区服务供给动力不足的重要因素。

二、公共服务

对于公共服务的研究最早是以公共物品作为对象进行分析的。关于公共物品（又称公共产品），英国哲学家休谟在其《人性论》中就指出，在自利的个人间存在某些共同消费的产品，这类产品的提供有坐享其成的心理及其可能性，这种心理只能由政府参与才能有效克服。①

公共服务这一概念最早为法国法学家莱昂·狄骥系统论述，他认为：公共服务就是指那些政府有义务实施的行为。任何因其与社会团结的实现和促进不可分割，而必须由政府来加以规范和控制的活动就是一项公共服务，只要它具有除非通过政府干预，否则便不能得到保障的特征②。以弗里德里克森为代表的新公共行政学派则强调了公共服务的公共属性，认为凡是促成民主发展、培养公共精神以及维护社会公正和公共利益的官员行动或政府行为都是公共服务。美国纽约城市大学巴鲁克学院教授 E. S. 萨瓦斯在其《民营化与公私部门的伙伴关系》一书中介绍了什么是政府公共服务：政府公共服务顾名思义就是由政府安排并生产的服务。③

关于公共服务的内容，一般认为凡是具有公共需求，且个人又无法解决的服务理应都属于公共服务的范畴。中国行政管理学会课题组就指出：政府公共服务主要包括经济性公共服务和社会性公共服务。经济性公共服务是政府为促进经济发展而直接进行各种经济投资的服务，如投资经营国有企业与公共事业、投资公共基础设施建设、对企业经营活动进行补贴等；社会性公共服务是指政府通过转移支付和财政支持对教育、社会保障、公共医疗卫生、科技补贴、环境保护等社会发展项目提供的公共服务。但实践中，因为涉及的内容过多，研究就将政府作为责任主体，且对社会公众具有刚性需求的基本公共服务作为主要研究对象。陈海威从保障公民生存权、发展权、环境权、安全权等角

---

① 陈振明. 公共服务导论［M］. 北京：北京大学出版社，2011：28.

② 唐诗蒙. 从主权到公共服务——读莱昂·狄骥《公法的变迁》［J］. 2020：22.

③ ［美］E. S. 萨瓦斯. 民营化与公私部门的伙伴关系［M］. 周志忍，译. 北京：中国人民大学出版社，2002.

度界定基本公共服务的构成，即底线生存服务（就业服务、社会保障、社会福利和社会救助），公众发展服务（义务教育、公共卫生和基本医疗、公共文化体育），环境服务（居住服务、公共交通、公共通信、公用设施和环境保护），公共安全服务（包括食品药品安全、消费安全、社会治安和国防安全等领域）。中国（海南）改革发展研究院从公民应享有的生存权、发展权、健康权角度提出基本公共服务包括三个基本点，一是基本就业保障、基本养老保障、基本生活保障，以保障人的基本生存权；二是基本的教育和文化服务，满足基本尊严（或体面）和基本能力的需要；三是基本的健康保障，保障公民的基本健康需要。

自2012年开始，国家开始了基本公共服务的明确界定。当前对于公共服务的界定仍然是以政府作为约束条件，基本上是将公共服务与政府相结合，认为所谓公共服务就是政府的公共服务，政府责任成为公共服务界定的主要内涵，这一概念的界定方式承袭了西方国家强调公共服务非排他性和非竞争性的本质属性，一定程度上将公共服务与公共物品概念重复使用，公共服务仍然是经济学角度的最优效率供给模式。而在实践中，公共服务已经远远超越了经济学的学科边界，成为政治学、管理学、经济学以及伦理学的综合学科概念，公共服务需要进行概念的重新界定。在此基础上，黄新华将公共服务界定为满足公共需求和公共利益而向社会提供的物质产品和精神产品的总和。[①] 李延均从公共事务的角度出发，认为公共服务是以公共权力保障全体社会成员各项法定人权事务为基本内容，以实现社会基本公平和人道主义为目标，以税收为基本来源，以均等化为标准，以政府设立的公共事业机构为主要提供主体，向全民免费或低收费提供的具有法定性质的服务。[②] 这两个概念的界定仍然着力于通过特征的描述来界定公共服务，仍然是在描述公共服务相对于私人服务或者公共事务的区别，而对公共服务的根本属性却没有深入的回应。

本书认为，要界定公共服务的概念，就是要剖析公共服务本身所蕴含的特质和属性。现代公共服务自身具有三重属性。一是公共服务具有政治属性，即公共服务中间存在着大量的参与、协同，公共服务管理体系的确定、公共服务管理方式的确定以及公共服务涵盖内容的确定无一不是政治活动的结果，即公共服务并不能完全局限于政府的行为。二是公

① 黄新华. 建立健全基本公共服务体系的路径选择——基本公共服务供给创新的若干思考［J］. 学习论坛，2013（10）：41－45.

② 李延均. 公共服务及其相近概念辨析——基于公共事务体系的视角［J］. 复旦学报（社会科学版），2016，58（4）：16－172.

共服务具有法律权利属性，即公共服务所回应的是公民的权利，包括公民的生存权、发展权和参与权，公共服务在本质上是保障公民权利的实现，而不仅仅是满足公民的需求，这也是公共服务不同于公共产品的重要特征。三是公共服务的经济和管理属性，公共服务是以公共资源回应公共诉求，资源的有限性和需求的多元性要求公共服务必须解决成本收益问题，公共服务的供给存在着最优模式探索的动力和压力。

对此，本书认为所谓公共服务，就是为满足公共需求和公共利益，保障公民权利，以政府为主导的多元主体依托公共资源通过治理框架向社会提供的各种产品、制度安排和行动的总和。公共服务的特征如下。

（1）公共服务的主体是以政府为主导的多元主体。在公共服务的供给过程中，政府、市场、社会和公众个人承担着不同的职责，履行着不同的职能，并进行着不断的博弈和互动。按照当前网络化治理的观点，政府是公共价值的促动者，企业是公共价值的创造者，非政府组织是公共价值的提供者，公民个人是公共价值的实践者。

（2）公共服务以满足公共需求和公共利益为目标。公共服务满足公共需求作为管理目标，公共需求决定了公共服务的合理性，因此公共服务是必然以需求为导向的，这里的需求是公共需求而不是个人或群体的需求。同时公共服务以公共利益为价值目标，并持续寻求实现公共利益最大化的优化路径。

（3）公共服务以保障公民权利为归着点。公共服务要保障公民的生存权、发展权和参与权，这是公共服务本身政治合法性的要求，也是建设法治社会的基本条件。保障公民的权利也就决定了公共服务不仅要体现为支撑公民生存的基本保障，还要为公民获得发展创造公平的机会，更要成为公民实现民主参与的重要平台。

（4）公共服务以有效治理框架为支撑要件。公共服务不仅是供给责任的划分问题，还要求通过有效的治理实现服务的高效率与高效益。因此对于公共服务的治理就成为确保公共服务有效供给、实现公共需求有效回应、保障公共服务精准到位的重要保障。

（5）公共服务具有多样的表现形式。公共服务可以表现为现实中的公共物品，如公共设施，也包括满足公共需求的公共行动和社会行为，还包括为保障个人生产发展和社会公平正义的各种制度安排。公共服务的多样表现形式是以公共性为前提和约束的，目标则是公共利益、公共需求、公平正义和社会发展。

三、社区公共服务

相对于社区服务和公共服务，社区公共服务的概念更加滞后于社区治理的实践，有研究指出，在现阶段中国社会转型时期，以市场为导向的社会服务模式占据主流地位，如何使社区公共服务的理念进入公共话语系统，是社会知识界和政府部门面临的紧迫任务。

国外对于社区公共服务没有明确的定义，以通行的社区服务来概括所有立足于社区的服务，包括福利服务、公共服务和具有社会导向的公民个人服务或称社会化的私人服务。国内对于社区公共服务概念的界定，以杨团最具代表性。她认为社区公共服务就是“现代社会为社区的需要而提供的社会公共服务，以及社区本身为满足自己的需求自行安排的共有服务”①。田华从社区内外供给主体角度对社区公共服务进行界定，认为社区公共服务包括“社区中的社会公共服务和为了社区的公共服务”，前者由政府提供，后者主要由各类社区组织提供。

通过以上学者的界定可以看出，首先，社区公共服务并不同于社区服务，公共服务强调的是公共需求的满足，而社区服务不仅包括公共需求，还包括便民利民服务所回应的个人需求，这两种服务在治理方式上完全不同，因此应对个人的服务，即所谓的私人服务社会化应该从公共服务的治理中被剥离出来。其次，社区公共服务不同于公共服务，社区的概念限定使得社区公共服务具有了明确的边界，包括：主体具有特定性——与社区具有利益相关性；服务对象具有边界性——以社区居民为服务对象；服务方式具有依赖性——社区特征决定了服务方式的选择。加上当前社区结构的变化，使得公共服务需求多元化特征更加明显，社会高流动性使得社区公共服务对象不确定性增加以及社会民主的发展让社区公共服务参与动力和实践不断凸显，信息技术高速发展增强了公共服务的供给方式的变革，这使得社区公共服务的概念界定更具理论意义和实践意义。

社区公共服务的界定必须明确社区公共服务的特征，耿云就认为社区公共服务既不同于广泛意义上的社区服务，又与一般公共服务相区别，具有区域性、公共性、福利性和非营利性的特征，并提出了界定社区公共服务应明确的前提，包括城市社区受益范围内存在人们的公共需求，且这一需求能够在社区内给予满足；社区对公共服务的公共需求是一种

---

① 杨团．社区公共服务论析［M］．北京：华夏出版社，2002：21．

集体需求，需要通过集体行动机制来筛选；生产或提供这种服务的有意识集体行动是完全出于自愿，或者对习俗和惯例的遵从，或者是国家的正式制度安排。[①] 孙彩红从治理的视角设定了社区公共服务的基本框架：为社区提供哪些公共服务——公共服务决策或需求表达机制；公共服务由哪些主体来提供——多元主体参与；社区公共服务通过哪些途径来提供——供给方式；社区公共服务是否满足需求——服务效果的监督评估。[②]

根据上述学者关于社区公共服务的概念界定，本书认为，社区公共服务的概念界定，需要明确社区公共服务的以下特征。

(1) 社区公共服务具有公共服务的属性，追求的是公共利益、回应的是公共诉求、使用的是公共资源，这是社区公共服务不能等同于社区服务的重要区别。

(2) 社区公共服务具有边界属性，即公共服务被限定在社区范围之内，即公共服务能够在社区层面被提供且受益对象也直接面向社区居民，这是社区公共服务不同于社会公共服务的重要区别。

(3) 社区公共服务具有社区的特征，社区公共服务的目标在于满足社区的公共需求，公共需求的形成与社区的社会结构密切相关，因此社区公共服务的供给和管理具有典型的社区特征。

根据以上的先决条件和特征，本书认为的城市社区公共服务，就是为满足社区公共需求，维护社区公共利益，多元社会主体依托公共资源在社区层面上提供的各类公共服务的总和。社区公共服务包括满足城市社区居民基本生存权、发展权的在社区层面供给的基本公共服务，也包括社区本身为满足自身需求、实现自身发展的社区内部公共服务。具体而言，一是基本公共服务中在社区层面上提供的公共服务，包括基本劳动就业创业服务、基本社会保险服务、基本医疗卫生服务、基本社会服务、基本公共文化体育服务和基本残疾人服务。二是社区内部的公共服务，结合当前国内社区基本情况，这类服务主要包括社区法律服务、社区安全服务、社区照料服务、社区儿童服务、社区物业服务、社区家政服务、社区信息服务等。城市社区公共服务是与城市结构变迁和城市发展密切相关的，当前的城市社区公共服务与传统的公共服务已经不同，城市社区公共服务虽然仍立足于社区，但是其作用范围已经超出了社区，而且社区公共服务正逐步从家

① 耿云．我国城市社区社会组织的发展困境及其对策［J］．云南行政学院学报，2013，15（A06）：3.

② 孙彩红．治理视角下的社区公共服务——基于深圳市南山区的案例分析［J］．学习与探索，2015（3）：63－68.

庭不断剥离到社会，这就要求当前城市社区公共服务必然是一个多元合作治理的体系。但是从实践来看，当前城市社区公共服务的治理呈现出行政主导、社会组织有限参与、企业功能闲置和公众参与不充分的状态。对此，党的十八届三中全会就明确提出了“必须着眼于维护最广大人民根本利益，最大限度增加和谐因素，增强社会发展活力，提高社会治理水平”。其中激发社会活力，就是要充分发挥多元主体在社区公共服务中的合作治理动力，通过系统结构调整、系统制度构建和系统条件优化提升社区系统动力输出，提升社区公共服务水平。

第二节　城市社区公共服务治理

一、城市社区公共服务治理的概念界定

对于治理的界定，联合国全球治理委员会 1995 年在其报告《我们的全球伙伴关系》中认为：治理是各种公共的和私人的个人和机构管理其共同事务的诸多方式的总和。自此，世界各国也根据自身的实践开始了本国公共事务的治理实践。各国对治理的关注见表 5－1。

表 5－1　世界各国关于治理的界定①

国家	治理的界定	关注要素
美国	政府形成一个有效、负责任的公共管理过程的能力，这一公共管理过程是对公民开放的，是加强而不是弱化政府民主体制的	责任、开放、民主、自由
英国	权力与权威的使用以及一个国家管理其事务的方式；在政治的和经济的制度与组织中反映出来的公民与国家之间的关系；解决物质匮乏和无权的方式	参与、公正、得体、责任、透明、效能

① 俞可平．国家治理评估——中国与世界［M］．北京：中央编译出版社，2009：67－72.

续表

国家	治理的界定	关注要素
瑞典	公共权威基于法治、回应、公开、整合、有效……负责和透明的权力实施以及公共权威与公民之间的关系	法治、回应、公开、整合、高效
澳大利亚	就是一个国家的资源和事务以一种开放、透明、负责、公平和回应公民需要的方式进行的有效管理	开放、透明、负责、公平、回应
加拿大	就是政府实施权力的有效、诚实、公平、透明和负责任	有效、诚信、公平、透明、责任
荷兰	政府、公民和企业之间的规则与协议	合作、参与、透明、诚信
全球治理委员会	治理是各种公共的和私人的个人和机构管理其公共事务的诸多方式的总和	多元、协同、责任、透明
世界银行	治理的机制包含三个要素：内部规则与限制；表达权与伙伴关系；竞争设施的参与、多种争议解决机制、某些市场活动的完全私人化等（1997 年报告）	言论和问责（VA）、政治稳定和杜绝暴力/恐怖主义（PV）、政府效能（GE）、监管质量（RQ）、法治（RL）以及控制腐败（CC）
联合国开发署	治理就是通过国家和私人部门之间的互动，一个社会管理的经济、政治和社会事务所依靠的价值、政策和制度体系	参与、代表、责任、透明、回应、高效和平等
欧盟委员会	治理就是为了一个国家的公平、可持续的经济社会发展而对一国所有资源进行的透明和负责任的管理	人权、民主化、法治的强大和公共管理的改革
经济合作与发展组织	治理是对一国社会的社会和经济发展资源管理过程中使用政治权威对社会实施控制	管理、问责、透明度、腐败、参与、效率、法治、控制、获取信息和道德
欧洲援助	治理指一国社会中利益诉求、资源管理以及权力实施所依赖的规则、过程及行为	规则、权力、参与、程序、有效
国际货币基金组织	治理包含一个国家被管理和统治方式的所有方面，包括其经济政策和规则框架	管理、政策、规则

治理理论虽然内容广泛、理念多元，但其核心在于去中心化、多元主体、伙伴关系、资源共享、结构网络化和过程互动化。俞可平总结了治理以及善治的八大特征，包括民主、法治、公平、责任、透明、廉洁、高效、和谐。治理理论被引入到各个领域，荷兰学者库伊曼（Kooiman）就认为治理是一个中立概念，治理可以分为三个层次。第一层次的治理是一种日常问题导向的治理；第二层次的治理关注制度的维护，是在政府、市场、社会层面讨论治理问题；第三个层次的治理即治理的治理，治理规范化的研究，同时也包括

如何评价治理的问题。[①] 治理在当前已经存在整合公共行政一应概念的可能，并满足着实践中的需要。从这个层面上来看，治理更像是一种理念和方法，可以被广泛用作公共事务管理之中，其不仅应该被用于国家层面上的制度体系，还被用于政府、市场和社会各自内部的规则规范以及三者关系的处理。美国数学家斯托克就指出："治理理论始于认识到公共行政的主体已经超越了多层级的政府机构，而延伸至社区、志愿部门和私人部门，这些部门在公共服务及项目实施中所扮演的角色是治理视角关注的重要领域。"[②]

对此，本书认为，所谓治理就是基于多中心理念而实现公共事务有效管理的一个过程，这个过程可以体现为一种制度的设计，也可体现为一种管理的方法，亦可体现为这个管理过程的结果。

城市社区公共服务治理是基于多中心理念的多元主体对城市社区公共服务进行有效治理的过程，包括治理的制度设计、过程控制和效果管理。城市社区公共服务治理包含着以下内容。

（1）治理主体多元化。即在城市社区公共服务治理中已经不再是政府主观或者客观上的一元主导，包括社会、市场和公民个人已经参与到治理之中，并成为治理全过程不可或缺的力量。多元化的城市社区公共服务治理体系，包括仍然履行治理责任和资源供给的政府主体，逐步起到治理主体作用的社区自治组织，专业化社区治理协同的社会组织、市场化公共服务供给的市场主体以及全过程参与的社区居民。多元主体要求社区公共服务治理是一个开放的系统，既能够为多元主体参与提供平台和保障，又能让多元主体履行治理权利。

（2）治理结构网络化。城市社区公共服务治理已经由传统上的政府主导、多元配合的"单向型"行政关系转向多元主体有效协同的"网络化"伙伴关系。治理结构的网络化要求社区主体通过互动来实现公共利益共享和公共事务共治，核心在于多元主体之间要有一个基于共同使命和共同目标的互动体系，各主体依托社会网络良性互动合作，分享公共权力，管理公共事务，实现信息和政策问题的解决。

（3）治理资源共享化。城市社区公共服务治理强调治理资源的共享化，即在社区的边

---

① Jan Kooiman. *Research and theory about new public services management* [J]. International Journal of Public Sector Management, 1996, 9 (5/6).

② [英] 斯托克. 地方治理研究：范式、理论与启示 [J]. 楼苏萍，译. 浙江大学学报（人文社会科学版），2007 (2).

界之内，要实现多元主体所掌握资源的共享化，充分发挥政府行政资源、自治组织社会资本资源、社会组织专业化资源、企业市场化资源和居民志愿资源的整合，共享和共同发展，增强社区治理的资源基础和支撑。

（4）治理机制现代化。社区公共服务治理已经逐步从传统熟人社会的“关系式”治理走向现代利益社会和权利社会的法治化治理，治理的方式方法都因为权威理性化、利益分散化而发生转变，现代化的治理机制成为当前社区公共服务治理的必然趋势。治理机制的现代化要求建立法治化、专业化、智慧化的治理机制，要求社区公共服务治理主体在法治的刚性约束下，充分发挥专业化管理理念和方法、智慧化的技术手段不断提升治理水平。

二、城市社区公共服务治理体系建设研究

按照新制度经济学关于制度变迁的理论，社区公共服务治理变迁也是遵循了寻求最低成本和最优效益的制度体系的发展路径，基于治理目标转变、治理环境变化、治理方式进步而不断优化。随着城镇化进程的加剧，社区的概念正被逐渐放大，其在城市公共服务体系中所起的作用愈发明显。大到城市建设的综合发展、小到居民百姓的衣食起居，都有社区的身影。社区的功能性愈发明显，服务范围也愈加广阔。城市公共服务体系的高速发展要求我们必须加速提升社区公共基础服务建设，这是满足居民不断增长的物质文化需要的根本要求，更是落实完善社区治理，树立社会风气的时代诉求。

（一）城市社区公共服务发展概况

当下，我国社区公共服务的研究主要集中在从社区公共服务提供的主体角度出发，以公共服务所提供的“公私二分法”来体现市场在提供社区公共服务中的作用。这种观点打破了传统方式下政府提供公共服务的唯一主体观念，提倡社区公共服务多元参与的供给模式。但是，目前很多地方对社区公共服务模式的认定还参差不齐，造成了城市社区公共服务体系发展标准及方式的不一致。因此，对于城市社区公共服务模式的可行方案及其赖以运行的配套条件如何适应本国国情，如何更加协调地配合，还有待进一步深入探索。

（二）城市社区公共服务的供给

1. 供需方式的转变

在多年的地方治理实践中，我国地方城市社区公共产品供给制度出现了一些新变革和

新内容。借鉴地方治理的核心理念以及我国地方城市社区治理的实践经验，我国城市社区公共产品供给制度创新的路径主要应该以构建社区公共产品供给保障机制为主，实行社区公共产品供给保障机制，要在现有的体制机制下进行修订、完善，对其进行立法，在法律层面对社区公共产品的供给给予保护。统一标准，在合理合法的社区公共产品供给市场竞争环境下，以法律的准绳约束恶性市场竞争、垄断等不良社区公共产品供给行为。同时，创新社区公共产品供给的相关管理机制也是改善供需矛盾的重要举措之一。

2. 供给主体的转变

对于公共产品供给主体的认知主要经历了三个发展阶段。第一阶段是公共产品政府"单一主体"供给的理论，称之为政府供给理论阶段；第二阶段是公共产品由政府与市场"双主体"供给理论阶段；第三阶段是公共产品由政府、企业、非营利组织、居民等"多主体"供给理论阶段。社区生活本质是利益相关者之间的合作伙伴关系，社区公共产品供给是社区生活本质的直接体现，是各个供给主体建立合作伙伴关系的关键，为此需要构建"多中心秩序"，即政府、企业、非营利组织、社区、居民共同参与的网络。而当下我国社区公共产品供给在部分地区还存在着主体关系不清晰的现象，主要表现在参与方鱼龙混杂、责任划分模糊等问题，这也在一定程度上制约了社区公共产品的供给发展。

社区公共产品供给过程涉及消费者、供给者、生产者三个类型化角色，是三者分开、联结、合作生产的过程，而实施制度创新才能使政府更好地履行供应者职责。要建立多元利益表达机制，协商确定社区公共产品供给数量质量，建立多元筹资机制，制定规则，实施目标管理，选择供给机制及生产者等。

3. 供给观念的转变

随着我国市场经济模式的变更以及经济发展水平的日新月异，供给方式及观念也发生着改变。传统的官僚体制下，政府在整个体系中处于主动地位，公众只能被动地接受政府所提供的公共服务，而不能对公共服务的质量、数量、类型提出任何要求。而公民也习惯了这种方式，没有反对声音或者主动建议的意识。政府在墨守成规地提供公共服务的过程中，往往更多地从自身考核指标及业绩标准的角度考虑，常常容易忽视公民的实际需求。例如，所供给并非居民所需，大搞"形象工程"而劳民伤财等，且居民处于被动局面，很难对所提供的服务设施发表自己的意见和看法，诉求渠道和意识都较为有限。如果是以这样一种态势运行，那么政府的公共服务供给将很难做到供需匹配，高效提供服务。

（三）引入非政府组织参与社区公共服务治理的路径

时代的迅速变迁带来了新的历史机遇，在这个万物更新的时代，城市对于社区公共服务的需求也瞬息万变。目前有限的公共服务供给渠道显然和社会广大居民的实际需求之间存在着一定的矛盾，要解决这一矛盾，就有必要引入更多的社会资源共同参与社区公共服务建设。其中，引入非政府组织参与社区公共服务就是重要的渠道之一，也必将成为城乡社区公共服务体系建设的重要力量。

1. 引入非政府组织的必要性

非政府组织往往直接参与社会事务的处理，在参与过程中能直面社会问题的本质，有时能够通过自身的功能影响政府决策。它还是公共关系的协调者。非政府组织可以在各种公有、私有、共同制社会关系中发挥“润滑剂”的作用，协调各种公共关系之间的利益关系，对促进社会稳定发展起着重要作用。

2. 社会资源融入社区公共服务治理

近些年，我国城市社区公共服务发展迅猛，无论是政府的基础建设需求，还是百姓的生活所需，对城市公共服务的建设都有旺盛的需求。单纯依靠政府出面管理、发展公共资源显然已经是杯水车薪，需要引进更多社会资源及相关专业人士共同参与管理，形成良性循环。民间团体、社工组织、福利机构等各类团体都是促进社区公共服务发展的可为力量。其中，社会工作者队伍作为一支“生力军”，具有专业性、职业化等特点以及资源整合的优势、服务的福利性、贴近居民日常生活需求等方面的优势，更加有利于融入城市社区公共服务体系。尽早落实准入标准就尤为重要。社会工作更好地介入社区公共服务，可主要从人财物三方面着手。

（1）设置“公职社工”专门岗位，明确岗位职责和服务范围，制定统一服务标准。

（2）加大宣传力度，配齐专职人员。在社工需求旺盛的单位配足配齐人力资源，如在街道层面的“社区服务中心”和社区层面的“社区工作站”定向定量地引进专业社工，普及社会工作岗位并按照区域人口标准比例配足社工人员。

（3）鼓励民办社工机构介入。目前社工在我国缺口还较大，单纯依靠政府单方的资源很难满足市场需求，这就要求有更多民间资源融入社工的发展。要鼓励培育发展更多民办社会工作机构，拓展政府购买社区公共服务项目的渠道。

（四）21 世纪以来：具有城市特色的参与式社区公共服务治理

随着经济社会的进一步发展，21 世纪以来中国的经济社会结构进一步发生变化，街居制下的政府主导模式逐渐遇到基层公共服务治理的“瓶颈”。一方面，市场经济的进一步发展使得个人更加独立于社区，个体对于社区的依赖程度在降低，社区对于个人权利保障与实现的影响也在弱化，加之基本公共服务的政府主导供给体系，社区特色服务成为社区与居民有效互动的基础。另一方面，城市社会结构发生了重大改变，城市化所带来的大量人口涌入已经改变了传统城市的生态系统，户籍管理制度已经难以适应新的城市管理要求，社区成为城市治理体制创新的突破点。在这种变化下，社区不仅成为基本公共服务的基层执行体系，也成为社区公共服务供给的发起主体，社区公共服务治理进入了一个新的探索时期。

为了适应快速城市化、市场经济体系建立所带来的社会结构变化，在国家城市管理战略的不断完善过程中，城市社区的公共服务治理已经发生了重大变化。

（1）从治理内容上来看，社区公共服务的边界在延伸。公共服务的非排他性和非竞争性决定了边界的模糊性，传统上由于资源的有限性，社区往往通过行政权力来限制公共服务的边界，保障公共服务目标群体能够获得足够的公共服务。而随着当前社会开放性程度的不断加深，除了特殊基于身份的公共权力服务以外，社区公共服务边界在不断延伸，不仅社区内部，包括邻近和周边的社区也基本能够享受到社区的大多数服务而不被排斥。

（2）从治理主体上来看，社区公共服务的供给主体在发生变化。传统上社区公共服务的供给主体主要集中为社区自治组织和社区的行政延伸机构，而随着近年来经济社会的巨大发展，一方面社工组织作为公共服务供给主体进入社区之中，社区公共服务的公益属性大大增强；另一方面服务企业进入社区之中，当前大量社区公共服务已经由企业来承担服务的供给，以企业化的运营模式保障服务的质量；再者公众也成为社区公共服务供给主体和实践主体，并成为公共服务效用的决定因素。

（3）从治理方式上来看，社区公共服务供给更加专业化。随着劳动分工和社会功能的不断细化，家庭的功能发生变化，原先的教育、养老、部分家务工作逐步从家庭生产转向了社会专业生产，社区对于专业化的服务机构越来越依赖。

（4）从治理目标上来看，社区公共服务更具社会属性。社区是社区生活的共同体，社区的认同和社区凝聚力是社区公共服务的第一目标。但同时，社区还承担着社会基本单位的职能，因此社区公共服务的目标还应体现在为维护社会的稳定和发展做出贡献。

综上所述，我国的城市社区公共服务治理变迁是以治理目标的调整为基础的，经历了社会控制动员到社会管理服务再到当前参与式的社区公共服务治理模式，社区公共服务治理在治理主体关系、治理规则、治理方式方法方面不断调整，并进而形成了回应当前社会需求、适应当前社区环境和履行当前治理责任的社区公共服务治理体系。

第三节　城市社区公共服务治理系统

所谓系统，按照贝塔朗菲的界定，就是“相互关联元素的集”[①]。我国科学家钱学森等将其定义为：相互作用和相互依赖的若干组成部分合成的具有特定功能的有机整体，而且这个系统本身又是它从属的一个更大系统的组成部分。[②]

系统的理念源远流长，但是作为一门学科的系统论，美籍奥地利理论生物学家、哲学家路德维希·冯·贝塔朗菲（Ludwig Von Bertalanffy）被公认为这门学科的创始人，其1945年发表的《关于一般系统论》论文奠定了这门学科的理论基础。系统论将研究对象看作一个整体，关心的是其内部各组成部分相互关系对整体行为的影响。与传统解决问题的理念和方法不同，系统学强调要通过系统思考来解决问题，即用系统的观点，在长时间和大空间范围内，动态看问题，关注系统结构，特别是系统结构所存在的非线性、反馈回路和延滞等特征。系统科学以系统作为研究对象，当前的系统科学研究已经逐步从以前研究系统遵循的机械运动规律转向遵循系统生成的演化规律，从对系统结构的静态分析转向系统生成过程的动态综合，其中耗散结构理论就是其具有跨越式发展的核心理论。

城市社区公共服务治理系统就是治理城市社区公共服务所形成的，由多元要素组成的功能有机体，是推动城市基层社会治理、确保城市公共服务有效供给、保障公民权益和回应公民诉求的重要支撑体系。城市社区公共服务治理系统在经济社会发展要求、国家宏观战略等外界因素影响下，寻求更为优化的公共服务治理路径也在不断地进行演化和变迁，系统结构不断完善，不断走向有序，是一个典型系统学中的耗散结构的系统。

---

① ［美］贝塔朗菲．一般系统论［M］．秋同，袁嘉新，译．北京：社会科学文献出版社，1987：46．
② 钱学森，许国志，王寿云．组织管理的技术——系统工程［N］．文汇报，1978－09－27．

一、城市社区公共服务治理系统的特征

（一）城市社区公共服务治理系统是一个开放的系统

城市社区公共服务治理系统内置于城市治理系统，其本身又是一个包含众多子系统的开放系统。其开放性体现在以下方面：一是城市社区公共服务治理系统受到宏观政策、经济社会制度变迁、城市规划与城市结构变化以及其他一些自然和社会因素的影响，社区公共服务治理系统也不断同外界进行交流和互动，包括治理资源、信息以及治理对象等不断发生变化，外界因素是影响系统变化的重要因素。二是城市社区公共服务治理系统具有自身的稳定性，社区公共服务治理系统是基于国家、城市和社区固有的政治体制、政策体系、文化体系和社会结构而形成的，在治理对象上受到社会结构和文化体系的影响，在治理方式上受政策体系的局限，而这些因素具有一定的稳定性，这促使了系统结构的稳定性，保障了系统的长续存在。因此，城市社区公共服务治理系统既具有系统内部的稳定性，又具有对外的开放性，存在形成耗散结构的基础。

（二）城市社区公共服务治理系统处于一种远离平衡的状态

城市社区公共服务治理系统远离平和状态。从参与者来看，社区公共服务治理系统既包括了政府及其行政延伸机构，也有拥有认同基础的社区自治机构，还有具有竞争优势的企业、专业特色的社会组织以及社区居民，每一个参与者在合作治理系统中都具有明显的差异和不同，占据着不同的地位，这种差异化是系统“力”形成的根源。同时，针对不同的公共服务内容，参与者主体也有不同，付出的精力和成本也有所差异，并会为实现个体或群体目标组建联盟，激发了系统中的“流”，增加了系统的复杂性和多变性。另外，社区公共服务治理系统还受到外界因素的影响，特别是公共政策的变化会直接影响到系统的运动方向，交换熵流具有较强的效应，扩大系统内部的涨落，降低系统的熵值，从而不断推动系统走向新的有序状态。

（三）城市社区公共服务治理系统的随机涨落导致有序，并具有自组织现象

城市社区公共服务治理系统由于非均衡性特征，系统诸要素的差异形成了涨落出现的动力，形成了系统运行中（包括公共服务治理的合作体制、运行机制、质量控制机制等）出现各种各样的偏差，造成了随机涨落的大量出现，这种涨落或因为系统本身的稳定性要素被限制或消解，或者因为一些突发的导火索以及一些耦合因素引起系统透明形成新的有序结构（外界的重大变革触发群体性事件而引发对一些合作服务项目的强烈抵制，如邻避

设施建设问题，会导致新的治理结构)。另外，城市社区公共服务治理系统具有自组织的特征，受制于传统制度的路径依赖以追求稳定发展的目标诉求，导致非平衡运动的涨落，不论是微小涨落还是引发突变的巨涨落，都会在系统内部因素或一些外部因素的影响下逐渐趋于稳定，形成一种新的有序结构。

(四) 城市社区公共服务治理系统要素间具有非线性特征

城市社区公共服务治理系统由于其社会属性在演化中或存续中存在着大量的间断性与连续性、规则的变化和人的行为、基于利益变动的合作选择变化、宣传作用和典型效应、学习因素与集体行动等，这些因素无法通过线性模型来描述，有时甚至超脱于一般逻辑的描述范围。如危急状态下，多元主体的团体参与意愿更为强烈，动力更强，同时因为生存而对利益关注相对减少；一个好的社会风尚，往往超脱于利益约束，促使人们互助、合作，这些现象有时很难以固定的逻辑来解释和描述。因此，在多元要素的变动中，由于非线性约束，一个小的涨落波动往往就会被放大、扩散和传播，促使系统结构的突变，这便形成了系统走向有序的动力之源。

二、城市社区公共服务治理系统的构成要素

城市社区公共服务治理系统就是治理城市社区公共服务所形成的，由多元要素组成的功能有机体。城市社区公共服务治理系统具有系统的一般特征和要素。

(一) 系统的目标

实现城市社区公共服务的有效治理，就是要实现社区公共服务本身所要达成的目标以及所衍生的外部性目标，集中表现为社区公共服务需求的满足情况。要达到需求的有效满足，还需要形成高品质公共服务的目标，具体包括社区公共服务高效性，即社区公共服务的供给具有高效率特征、公共服务的成本得到有效控制、对社区的效益得到有效保障；公共服务的公平性，即公共服务具有均等化和普惠性的属性，公共服务要能够满足社区内居民的需求，且满足这一需求的过程不受到非公平因素的限制；公共服务的可及性，即社区公共服务要能够比较容易地被获取以及受众具有对公共服务使用的较大机会，社区公共服务对于社区居民具有便宜性服务特征；公共服务的可获得性，即公共服务对于社区居民需求的满足程度，公共服务能够确保其被认可的合法性基础。

(二) 系统的结构

即城市社区公共服务治理系统的元素和它们之间相互关系构成系统的结构，具体来说

就是城市社区基于系统目标，在汇聚资源、共同参与、协同互动的基础上所形成的公共服务供给、管理和效果保障的结构体系。其中，在主体上包括社区党组织系统、地方政府延伸机构、社区组织机构、社区社会组织、企业和社区居民等，多元主体基于社区公共服务的有效供给所形成的权责分配体系；在运行上包括社区公共服务的供给、管理和服务的需求满足全过程运行体系；在资源上包括系统外部的资源投入和系统内部的资源开发。

（三）系统的环境

即城市社区公共服务治理系统所面临的影响系统的环境要素的集合，这些环境要素通过影响系统要素或直接影响系统结构而对系统产生作用，具体到城市社区，就是开放性的城市社区所受到的社区之外包括人员、资金、制度、权威、信息技术等方面的环境因素，这些因素通过系统因素注入系统，进而引起系统结构的变化。

（四）系统的边界

即城市社区公共服务治理系统与系统环境之间的界限。城市社区公共服务治理的边界包含两个层面。一是公共服务的层面，不是所有的公共服务都在这个系统的治理之中，它只包括基本公共服务在社区层面进行供给和管理的服务以及社区内部公共服务的治理。二是社区层面，即公共服务的治理只在于社区的边界之内，物质化的公共服务以社区区域作为界限，非物质化的服务以社区居民作为服务的边界。

（五）系统的行为

即城市社区公共服务治理系统随着时间的变化规律，包括城市社区公共服务治理系统随着时间变化在治理体制、治理机制、治理方式方法等方面所呈现的规律性特征，系统行为由系统结构所决定，是系统内部各个组成部分相互关系作用的结果。

（六）系统的功能

即城市社区公共服务治理系统所应该具备的能力，具体包括：整合功能，系统需要对各个组成部门的职能、资源和行为进行协调与整合，确保系统功能优于部分功能叠加的目标；管理功能，对社区公共服务进行有效管理，提升公共服务的效率，确保公共服务的效益，保证公共服务质量；发动功能，对社区资源和社区力量进行有效动员，激发社区内外的力量和资源，扩大社区公共服务治理的基础。

第四节　城市社区公共服务治理系统的理论基础

一、耗散结构理论

耗散结构理论是由比利时化学家普利高津（I. Prigogine）在系统论和热力定律基础上提出的，研究的是一个开放系统由混沌向有序转化的机理、条件和规律。耗散结构理论一般用来研究距平衡状态相差较大的、流动的、开放的系统[①]。该理论认为：一个开放的系统在达到一定的阈值，在与外界物质和能量的交换下，通过涨落，系统可能发生突变，由原来无序混沌状态转变到一种结构和功能有序的新有序状态。其中耗散结构是指开放系统通过不断与外界交换物质和能量，当系统内部某个或多个要素的改变积累到一定程度的时候，在外界条件变化达到一定阈值时，外部条件会促使要素间有序与无序状态的差异作用力发生突变，系统可能从原来的混沌无序状态转变为一种在时间、空间或功能上的有序状态。耗散结构有以下特征。

（一）系统开放性

耗散结构理论研究的是一个与外界不断交换能量和物质的开放系统，这种开放系统中的要素会受到外界因素的影响，而且系统的结构也会受到外界因素的影响，甚至可以说外界因素对于系统的有序性具有重要的价值和意义。因此，在耗散结构的研究中，外界的因素将成为一个重要的研究领域，成为一个推动系统有序的重要变量。

（二）系统的非平衡性

经典力学认为，系统的状态可分为平衡状态和非平衡状态两类。所谓平衡状态，是指构成系统的要素在物质、能量等层面上均匀、无差异的分布状态，这种状态是最无序，也是最无活力的状态。而有序的系统结构只能是在非平衡的状态下产生，在时空分布上呈现出差异性的状态，这种状态才是一种有活力的状态。而耗散结构就是这种在远离平衡条件下系统与外部环境相互作用而形成的有序却非均衡的结构。

---

① 湛垦华，沈小峰．普利高津与耗散结构理论［M］．西安：陕西科学技术出版社，1982：23.

（三）系统的有序性

耗散结构的系统是一种有序的结构，是系统内部各要素通过有规则联系而形成的结构。这种有序包括结构序和功能序两个层面。其中结构序标志系统结构的规则性和顺序性，又包括时间序和空间序，分别表示系统要素的时间和空间分布。功能序指系统与外部环境相互联系和作用过程的秩序和能力，它体现了一个系统与外部环境之间的物质、能量与信息的输入或输出的交换关系。

（四）系统的运动性

耗散结构是一种动态结构，构成系统的要素会随着时空变化不断更新，促发系统从量变到质变。耗散结构的运动受到熵的影响，即系统自身总是力图从熵值较小的状态向熵值较大的状态转变，即从有序到无序的转变；而开放系统则是通过系统与外界的交换，形成交换熵，促使系统走向有序。

在本书的研究过程中，就是以耗散结构理论来分析城市社区公共服务治理系统，分析系统的结构、运行机制、熵流变化以及系统涨落，总结城市社区公共服务治理的特征和变化规律。

二、网络化治理理论

“网络化治理”由美国著名学者斯蒂芬·戈德史密斯和威廉·埃格斯首先提出，他们认为“网络化治理是指政府的工作不再依赖传统意义上的雇员，而是更多地依赖各种伙伴关系、协议和同盟所组成的网络，它的主要特征是深深地依赖伙伴关系，平衡各种非政府组织以提高公共价值的哲学理念，以及种类繁多、创新的商业关系”[①]。网络化治理的网络化，并非技术路径的互联网络，而是特指以社会关系为核心的社会网络。网络化治理，就是为了实现公共利益，社会成员之间依托社会网络互动协同，共同参与公共事务的一种新型治理模式。

网络化治理理论关于社会网络结构的研究对本书城市社区公共服务治理系统研究具有重要的借鉴价值，本书在研究过程中，对社区公共服务治理系统结构的研究部分，借鉴了网络化治理关系系统主体构成、协同运行机制以及资源集成机制等部分内容。

---

① ［美］斯蒂芬·戈德史密斯，威廉·埃格斯．网络化治理：公共部门的新形态［M］．孙迎春，译．北京：北京大学出版社，2008：6.

三、参与民主理论

参与民主理论是相对于传统民主理论而言的新的民主理论，与传统民主理论强调的代议制、精英主义不同，参与民主理论提出了推动普遍大众参与的真正民主理论，通过规范和科学的研究提升大众参与的规模，提高大众参与的效果。

参与民主理论由美国政治学家佩特曼教授在其《参与和民主理论》中最早提出，他认为民主和参与并不必然是相等的，传统的精英民主理论在本质上是排斥参与的，而"真正的民主应当是所有公民的直接、充分参与公共事务决策的民主，从政策议程的设定到政策的执行都应该有公民的参与。只有大众普遍的参与才有可能实践民主所欲实现的基本价值，如负责、妥协、个人的自由发展、人类的平等"①。

参与民主理论随着信息技术的普及，特别是自媒体的产生而扩展了参与路径，西方社区治理运动的兴起更是为参与民主理论开辟了新的平台。因此西方的政治学家和公共管理学家更加重视参与民主理论的研究。

美国心理学家金士顿（Kingston）也提出了公民参与的阶梯模型，他将公民参与分为了六个层次（如图5－1所示），并将最底下的三层界定为低层次的公民参与，而将最上面的三层界定为高层次的公民参与②。

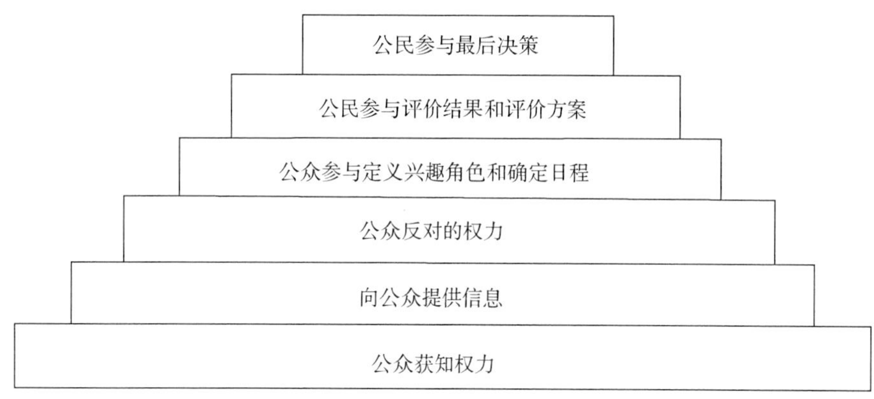

图5－1　公民参与分层图

美国指挥家托马斯在其《公共决策中的公民参与》一书中提出了公民参与中的随机性的理论观点，"即将公民参与视为根据环境变化选择不同参与程度，采取不同参与形式的

① ［美］佩特曼．参与和民主理论［M］．陈尧，译．上海：上海人民出版社，2012．

② 孙柏瑛，杜英歌．地方治理中的有序公民参与［M］．北京：中国人民大学出版社，2013：12－15．

过程”①。托马斯将公民参与分为以获取信息为目的的公民参与和以获取公民对政策的认可和接受为目的的公民参与，并为这两种不同参与程度的公民参与总结了相应的公民参与技术方法，这些技术方法包括关键公众接触、公民发起的接触法、公民调查、新沟通技术、公民会议、咨询委员会和斡旋调解。

综上可以看出，参与民主理论强调了公众对公共事务的参与，而非仅仅是传统的选举和投票。公众的参与具有以下特征：一是公众的公共事务参与具有普遍性，即公众应该参与到所有的公共事务管理之中；二是公众的公共事务参与具有特定性，即不同的公共事务要求不同的参与模式和参与方式，不同的参与方式决定了公共事务的有效性；三是公众参与具有层次性，不同社会发展阶段和不同的行政生态环境决定了不同层次的公众参与；四是公众参与具有发展特征，随着民主的参与和公民学习，公众的参与水平将不断提高。

本书在研究过程中应用了参与民主理论，并以该理论作为城市社区公共服务治理系统中的公众参与分析框架和策略建议基础。

四、公共产品理论

公共产品理论具有丰富的内涵和分析框架，已基本上形成了当前公共产品和公共服务有效管理的研究体系。主要表现如下。

（一）公共产品供求机制的研究提出了公共产品的管理框架

公共产品的供求机制主要解决如何实现公共产品的需求匹配问题，并由此而形成了社会协同中公共产品的最优生产和供给选择问题、公共产品的分配问题、公共产品的需求管理问题、公共产品的可及性问题以及公共产品的搭便车问题，这些都是当前公共产品管理所要解决的问题。

（二）公共产品的运行机制的研究提出了公共产品的有效方式选择问题

公共产品的运行机制核心在于解决公共产品的效率和公平问题，其中效率问题涉及公共产品选择何种运行模式，包括市场化、社会化、专业化和智能化的选择；公平问题则涉

① ［美］约翰·克莱顿·托马斯．公共决策中的公民参与［M］．孙柏瑛，等，译．北京：中国人民大学出版社，2010：23.

及公共产品的均等化问题，而这正是当前公共服务治理体系所要解决的核心问题。

（三）公共产品的绩效管理研究提出了公共产品可持续性研究问题

公共产品绩效管理主要解决公共产品的效果如何以及如何改进。这涉及当前公共产品和公共服务的评估问题与可持续性问题，是当前实现公共服务有效、持续供给的重要话题。

本书在研究中借鉴了当前公共选择理论的研究成果，并将这些成果用于城市社区公共服务治理系统的结构分析之中，期望建立有效、有序和可持续的城市社区公共服务治理系统。

五、政治系统理论

政治系统理论认为，公共政策是政治系统的产出，是对周围环境所提出的要求的反应。政治系统按照动力学的术语进行分析，把政治过程阐释为持续不断且相互关联的一连串行为，形成系统的流，并建构了动力反应模式。

政治系统理论认为政治系统是一个开放的、受到环境影响的系统。在政治系统的过程中，具有以下要素，如图5－2所示。

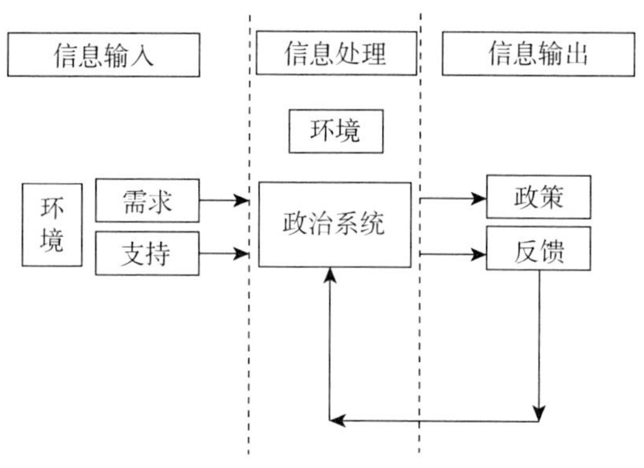

图5－2　政治系统运行过程图

（一）环境

由社会大系统中除政治系统之外的各种状况和条件所构成的其他子系统组成，包括社会内部环境（生态系统、生物系统、个人系统、社会系统）和社会外部环境（国际政治系统、国际生态系统、国际社会系统），环境会对系统产生输入的压力和干扰，是系统运行的起点。

（二）需求

需求是指个人或团体为了满足自己的需要和利益向政治系统提出的采取行动的主张，即公众和社会对系统所提出的需求，属于政治系统的输入要素。

（三）支持

支持个人或团体接受选举结果、遵守法则、纳税并赞同政府采取的干预行动以及对系统的资源支持，亦属于政治系统的输入要素。

（四）输出

输出，即政治系统的输出结果，主要表现为公共政策，是政治系统对社会作出的权威性价值分配。

（五）反馈

反馈意味着公共政策（输出）可能改变环境，改变环境提出的要求，以及改变政治系统的自身特点。政策输出可能会产生新的要求，而这种新的要求将进一步导致政治系统的政策输出。在政治系统循环往复、不断变化的运动过程中，公共政策源源不断地产生。

本书在研究过程中，特别是城市社区公共服务治理系统的流程研究过程中，使用了政治系统理论关于系统过程和系统要素的研究理论和方法。

第六章 城市社区公共服务治理系统的优化策略设计

城市社区公共服务治理系统的优化是一个系统工程，需要系统的规划、设计和保障实施。同时，城市社区公共服务治理系统也面临着典型的路径依赖，社区的文化、社区的结构以及社区的利益格局并不会随着社区发展而适应性地变化。因此，社区公共服务治理系统的绩效提升策略既包括整体和系统的推进方案设计，也需要重点突破的发展策略。具体包括以改善公共服务参与水平、技术利用水平、提升社区公共服务品质和匹配社区公共服务需求的系统策略设计。

第一节 提升公众参与水平

社区公共服务治理水平的提升是以当前的社区公共服务治理参与体系为基础，参与体系确保治理水平提升的关键在于参与转换因子，即参与对于公共服务治理水平的有效性和贡献性。而当前参与不足及有效性不够成为提升社区治理水平的关键。从理论上来看，公共服务参与并不一定会导致公共服务治理效率，二者是典型的必要非充分条件，即社区公共服务治理水平的提升一定是以良好的参与体系为基础的，但是参与体系并非肯定会导致社区公共服务治理水平的提高。其中的关键就在于选择良好的参与类型、参与手段和参与保障体系。因此，提升参与转换因子，强化参与对于公共服务治理作用，就需要提升社区公共服务的公众参与水平，进而提升社区公共服务治理水平。

一、构建公众参与的公共服务管理选择机制

公共服务中的公众参与有效性不是以公众参与范围和深度来衡量的，而是以公众参与对公共服务的效果而确定的，“并不是所有的公共服务都是需要公众参与的，在公共服务的公众参与模式选择中，需要把握公众参与的范围和程度”①。基于公共服务自身的特点，根据实践中公众参与效果的调研，本书认为需要建立公共服务参与的管理选择机制，针对不同的公共服务选择最为有效的公共服务参与方式，这种参与方式可以用清单的方式进行管理。

（一）基于公共服务需求获取的公众参与

基于公共服务需求获取的公众参与，是以公众参与作为公共服务需求导向的工具，公共服务本身的高专业性要求公众参与不能直接去决定公共服务的决策和执行，而只是为公共服务的决策和执行提供信息支持。基于此，公众参与形式主要表现为以下形式。一是关键公民接触，就是对于社区精英人物、社区网络中有一定影响力并热衷于公共事务的公民进行的情况调查，通过小型会议、一对一访谈等形式，了解公众对于公共服务的代表性需求，从而为公共服务供给提供一定的初步信息。二是公民调查，指通过较大规模的问卷调查和访谈，向公民了解公共服务需求的信息以及公民对公共服务的质量和意见。三是群众意见箱，可以采取网络和实体两种方式，网络方面可设置网络信箱和专门信箱的方式收集公民投诉，并实现公民投诉的公开化督办，保障公众参与效果。

（二）基于公共服务执行便利的公众参与

基于公共服务执行便利的公众参与是一种以公共服务供给主体为主导的公众参与，公众参与的宗旨在于提高公民对公共服务的认知性和接受度，从而保证公共服务执行与公共服务效果的一致性。基于公共服务执行便利的公众参与，主要强调公共服务供给主体与公民之间的沟通，主要表现为以下形式。

（1）公众听证。听证主体主要包括公民代表、主要利益相关体和社区热心公众的人

① 汪锦军. 公共服务中的公民参与模式分析［J］. 政治学研究，2011（4）.

物，通过座谈等方式将公共服务的供给情况向听证主体发布和解释，并听取群体的建议，实现供给主体与公民之间的互动和沟通，以获取听证公民代表的支持，再通过代表的宣传，以点带面，增强公众的理解和认同，从而达到增强公共服务可行性的目的。

（2）民主恳谈。民主恳谈可以分为以群体为对象的恳谈和以个体为对象的恳谈，以公共服务供给和合作性、配合性以及难易程度为标准，根据实际情况，公共服务供给主体可以选择恳谈的规模和方式。

（三）基于公共服务民主共治的公众参与

基于公共服务民主共治的公众参与主要强调公众参与的政治效用，即通过公众参与来培养民主、彰显民主和实践民主。基于公共服务民主共治的公众参与在本质上是一种民主全过程，适应其公众参与的方法如下。

（1）公民会议。公民会议主要负责公共服务的选择和决策过程，由公民通过投票的方式选择公共服务的供给主体、供给内容、供给手段，公共服务供给主体必须经过公民的选择才能实施，公民在真正意义上作为公共服务的决策者。

（2）公民议事会。公民议事会作为公民会议的常设机构，是公众参与公共服务的常设机构。公民议事会在本质上是一种代议制的民主，公民议事会必须强化公民利益的代表性，但同时也要充分发挥其小范围决策的低成本、快速化特征，保障公共服务决策的现实可行性。

（3）公民监事会。公民监事会由公民会议选举产生，对全体公民负责。公民监事会作为一个相对独立的机构，主要履行对公共服务决策、执行的民主监督职能，并对公共服务供给主体进行民主评议。

二、建立全过程的公众参与制度体系

完善公众参与公共服务的制度体系，就是要实现并保障公众对于公共服务整体过程的参与。

（一）完善公共服务决策中的公众参与

公众参与公共服务的决策在本质上体现为对公共服务最终决策权的行使，而在形式上则体现为公众对公共服务包括供给主体、供给方式、供给内容、供给范围以及供给程度的选择权。因此，完善公众参与公共服务决策，需要做到以下几点。

（1）完善公众参与的代表制度，确保参与决策公众的代表性，这就要求公共服务决策的公众代表选择，要以居住区域为代表产生主要标准，结合利益群体代表以及从事社区工作的公共人员，实现代表对居民的全范围覆盖，保证公共服务决策中居民利益的“无缺漏代表”。

（2）完善公众参与公共服务决策的程序，程序民主是保证结果民主的重要手段，完善公共服务公众参与决策的程序，一方面要保证程序的科学性，即程序的设计要以结果的公正为导向，增强程序制度的完整性，避免因为程序漏洞而导致的结果异化；另一方面要保证程序的公开性，公共服务中的公众决策是以社区居民利益为目标的，参与代表也是居民利益的执行者，因此公共服务的公众参与决策也应该公开进行，以透明的运作方式保障公共服务的公民本位起点和归宿点。

（3）强化公众参与结果的保障机制，完善公众参与结果的备案制度，将公众参与决策的结果备案至基层党组织、社区自治组织，并向全体公众公开，通过社区居民压力实现公众参与结果对公共服务政策制定的影响，保证公众参与不仅是公共服务形式上合法性的保障，更是公共服务最终决策的重要影响因素。

（二）完善公共服务执行中的公众参与

公共服务执行中的公众参与，主要表现为公众作为公共服务供给主体和接受主体来发挥作用，公众参与主要表现为公众的合作性参与。即一方面公众通过与公共服务供给主体的合作来推进公共服务在社区的有效供给，如公众参与到社区基础设施建设中的资金和工作支持，等等；另一方面表现为公众作为公共服务接受方与供给主体进行合作以保障公共服务的顺利供给，如社区的免费医疗等活动的开展不仅要求相关组织提高人力和物力，而且需要公众进行积极配合来参与医疗体检，等等。

完善公众参与公共服务执行的制度设计，需要做到以下几点。

（1）要完善公众对公共服务的协作机制，即作为公共服务供给一部分可以选择通过外包形式赋予社区居民，充分利用社区居民服务社区、贡献社区以及社会资本压力等优势保证公共服务的顺利推进，同时也实现促进社区就业的目的；另一部分可以通过无偿的形式赋予社区居民来供给，实现公众直接参与公共服务执行和社区建设，将公共服务责任细化到社区每一个人，如社区清洁工作可以借鉴公共区域的单位承包制而实现社区家庭承包制，以责任感充分调动个人参与社区公共事务的积极性，这样不仅可以节省社区公共服务供给的成本，还可以促进社会的进步。

（2）要完善公众对公共服务消费引导机制，当前出现的大量公共服务闲置问题造成了公共资源的浪费，打击了公共服务供给主体的积极性。因此，对公共服务消费社区公共组织要承担起引导责任，一方面，加大宣传力度，可以通过告示张贴、网络、短信、社交群落等方式，以及社区居民人传人等形式保障公众的知情权；另一方面，通过一些主导的引导措施，如倾向性的建议、选择性的激励以及消退强化的措施，鼓励公众积极参与到公共服务的消费之中，并通过公共服务的消费增强公众参与公共服务的积极性。

（三）完善公共服务评估中的公众参与

公众是公共服务的供给起点和消费终点，因此公众参与公共服务的评估不仅是公共服务合法性的要求，更是公共服务有效性的支点。公众参与公共服务评估主要表现为公众的控制性参与，即公众通过参与对公共服务目标与效果的控制，公共服务供给通过封闭式循环而实现自身得以不断优化。完善公众参与公共服务的评估机制，需要做到以下几点。

（1）要完善公众参与公共服务的标准化机制，即将公众需求和建议纳入公共服务实现自我评估的标准化制定之中，实现公共服务自我控制中公民的间接参与。

（2）完善公众参与公共服务的结果评价机制，将公民满意度和获得感作为公共服务效果的考量标准，通过收集公众对公共服务供给效果的评价并进行量化分析，以此作为公共服务的改进和完善准则，实现公众参与对公共服务之间的直接外部控制。

（3）结合公共服务的内在评价和外在评估，完善公共服务的自我优化机制，以公众直接参与和间接参与的评估结果作为公共服务设计优化、决策优化和执行优化的参考，通过公共服务优化备案制度和公示制度，强化公共服务基于公共需求的不断完善。

（四）完善公共服务监督中的公众参与

“一切有权力的人都容易滥用权力”“要防止权力的滥用就必须以权力制约权力”，①作为以公共权力为后盾的公共服务供给也必须由公民的监督权力予以制衡，即公众参与公共服务的监督应该是贯穿于整个公共服务供给过程的监督。公共服务中公众监督参与的实行，要通过以下制度的完善作为保障。

（1）完善公众监督参与的组织建设，可以实行常态化与分散化相结合的公民监督组

① ［法］孟德斯鸠．论法的精神［M］．张雁深，译．北京：商务印书馆，1982：156－160.

织，建立社区公民监督委员会作为常态组织，充分履行监督权力，形成社交平台、虚拟网络社区、电话投诉等多样化的分散式监督体系，通过常态化与分散化相结合，最大限度地实现公众监督效力。

（2）完善公众监督效果的保障机制，即对于公众的监督效果，作为社区自治机构和公共服务供给主体必须实施及时回应，实现和监督主体之间的有效沟通，最后实施问题解决的备案机制，保障公众的监督结果能够被重视，能够成为公共服务供给改进的推动力。

（3）完善履行监督公众的权益保障机制，对于提出意见和实施监督的公众，政府和社区组织要切实保障他们的权益不被侵害，特别是保障他们正常享有或者优先享有某些公共服务，从根本上消除公众参与监督的局限性，提高公众参与监督的积极性。

公众参与公共服务是一个整体性的参与过程，参与的每一个环节环环相扣，公共服务作用的发挥也正是建立在公众的全程参与之上。因此，当前公共服务中公众参与的制度设计，就是要在提高公众参与积极性的基础上，完善公众参与的整体性制度设计，从根本上保障公共服务真正由公民做主，公共服务真正为公民服务。

三、塑造具有公共参与能力的现代化公众

（一）不断提高具有参与意识的公众公共服务动机

提升公众公共服务动机是公众参与的基础与前提，而其中的参与意识则是公共服务动机的核心组成部分，“没有形成公民参与意识或公民责任就没有真正意义上的公众参与”[①]。因此，提升公众的公共服务动机，关键就是形成公众具有参与意识的公共服务动机。

（1）要加强公众的权利意识，即公众参与公共服务是作为公民权利的体现，是公众通过主张权利实现自身利益和社区自治的过程，这种权利不主张就意味着放弃，公众不仅要对自己的行为负责，更要对社区未来发展负责，针对这些可以在社区经常开展一些社区维权活动，增强社区居民的权利意识。

（2）加强公众的责任意识，“公众参与的内在动力机制的最根本体现就是公众对社区的认同感和归属感”[②]，强化公众对社区的认同感和归属感是培养公民责任意识的重要内

---

① 魏娜．公民参与下的民主行政［M］．国家行政学院学报，2002（3）．

② 姜晓萍，衡霞．社区治理中的公民参与［J］．湖南社会科学，2007（1）．

容，社区可以针对不同群体有所侧重地开展个性化的增强社区认同感行动，如对于高收入和高学历水平的一些文化活动、对老年人的一些健康普及行动和对弱势群体的救助行动等，在不断增强社区凝聚力的同时也强化了公众对于社区的责任意识。

（二）不断提高公众参与公共服务的能力

公众参与能力直接决定着公众的参与效果，公众参与导致的低效率、无效率甚至混乱问题在本质上就表现为其参与能力不足。借助以下做法，可以提高公众参与能力。

（1）要提高公众参与的公共理性，即提高公众参与公共服务过程中将个体理性转化为公共理性的能力，实现公众参与中个体需求的有效整合，避免各种利益主导下公众参与的无理性和高成本。对此，政府和社区可以多开展一些公众公共理性和公共精神的培训工作，通过社区互助和信任等价值观念的培养提高公民公共服务参与的公共性。

（2）增强公众的信息获取能力和分析能力，提高公众参与的主动性和目的性，可以通过专门社会组织和网络平台为公众提供公共服务参与的咨询工作，在互动中提高公众参与公共服务的能力，避免之前公众参与的被动性和盲目性。

（3）要增强公众参与公共服务中合作的能力，公众参与公共服务的过程，其本质就是公民与公民、公民与政府之间通过合作来求同存异实现公共利益的过程，因此公众参与的重点就在于合作，对此政府和社区可以通过一些社区文娱活动，特别是合作类的活动，在娱乐中提升公民的合作能力。

（三）不断提高公众参与公共服务的组织化程度

组织化是推进公众参与发展和实现公众参与效果的重要手段。借助以下做法，可以提高公众参与公共服务的组织化程度。

（1）要强化当前社会组织的群众基础，即社会组织在组织上要以社区居民作为核心，在行为上要切实代表社区居民的利益，要不断增强社会组织的公信力和权威性，培养社会组织作为公众参与渠道的特质。

（2）要强化社会组织业务能力，即社会组织要肩负起公众个体利益到公共利益、公民个体理性到公共理性的整合职责，同时社会组织还要将这种利益诉求有效地表达到公共服务的供给之中，实现公民个体利益诉求到公共利益整合再到个体利益实现的过程。

（3）要强化社会组织的协同能力，即社会组织要实现与政府行政职能互补的目标，要成为推进基层社会治理体制完善的重要力量，从而实现基层社会的整体性治理。

第二节 提升管理技术水平

技术转化因子对于社区公共服务治理系统绩效具有一定的影响作用。增强技术转化因子，一方面要提升社区公共服务治理主体利用先进技术的动机，另一方面则要强调有效利用现代管理技术的水平。对于提升动机而言，主要在于增强居民的公共责任意识和公共理性，前文已经有所论述。而对于提升社区公共服务治理的管理技术水平，就是要充分利用现代化管理理论和管理技术不断丰富社区公共服务治理的方法和方式，降低治理成本、提升治理效率、扩展治理效益、增强治理主体之间的合作机制和协同监督机制，保障治理系统的有效、有序运行。在当前的社区公共服务治理中，发挥治理的技术效益，一方面是要通过新的公共服务治理理论优化治理模式，特别是当前的网络化治理以及由分享经济发展而来分享服务理论；另一方面是不断创新管理技术方法，建立智慧社区，充分利用新的科学技术来提升管理效益。

一、推进社区网格化管理向网络化治理的转变，重塑社区公共服务治理体系

网格化是当前社会管理的重要举措，经历近些年的发展，我国的城市社区基本形成了以信息化和网格化为基础的社区治理格局，将网格建在院落、楼栋和单元的管理体系促成了当前社区治理的网络格局。但是当前的社区网格化管理仍然停留在网格化的社会管控阶段，网格化服务供给体系没有发挥作用；网格化管理强调的仍是基于网格的地域管理模块，没有形成真正网络化的管理体系，网络化治理的效用并没有发挥出来。因此，需要推进社区网格化管理向网络化治理的转型，进而提升社区公共服务治理效益。

网络化治理是指政府的工作不再依赖传统意义上的雇员，而是更多地依赖各种伙伴关系、协议和同盟所组成的网络。与传统网格化管理实现区域分割的责任管理不同，网络化治理就是为了实现公共利益，社会成员之间依托社会网络互动协同，共同参与公共事务的一种新型治理模式。其核心内涵在于主体多元、互动协同、资源共享和公共价值，其更为

强调的是一种治理模式的转型。推进社区的网络化治理是实现社区治理转型创新，也是当前推进共建共治共享社区治理体系的必然要求。实现网格化管理到网络化治理的升级本就是社区公共服务治理水平的重要要求，也是提升社区公共服务治理水平的重要举措。

（一）强化社会资本，优化网络化治理生态

良好的社会资本能够有效促进网络主体参与的积极性，规范参与行为，提高参与效果，而异化的社会资本会成为合作制度的障碍。要发挥社会资本的积累效应，就要通过实践进行自我强化，通过培育进行外在强化。一方面不断提高社会资本的存量，特别是塑造对网络主体参与社会治理具有积极意义的社会资本形态；另一方面应优化社会资本的效用，即针对社会资本的异化，通过制度创新构筑适应于现代社会的社会资本，为网络化治理打造一个优质社会资本的生态环境。

（二）完善参与体系，提升网络化治理能力

网络化治理的绩效取决于治理主体的参与行为意向和能力。

（1）完善参与治理的激励机制，将目标作为治理主体参与的核心要素，以柔性化管理方式推动治理主体的治理方式方法创新；探索市场模式在公共事务治理中的应用，提升网络治理主体的参与动力。

（2）完善网络治理主体的组织结构，通过完善相应法律规范促进治理主体的法治化和标准化建设，通过完善监管体系确保治理主体组织设计和行为的规范化，通过健全退出机制强化治理主体的竞争力。

（3）不断提升网络主体的参与能力，强化治理主体公共理性和公共精神的培育，从思想上和组织上解决网络主体的组织利益和公共利益协调问题，提升参与的积极性；要提升网络主体参与的业务能力，包括参与的方式、参与的技巧、参与的规则，掌握现代民主的基本知识和技能，保障参与的有序性和有效性。

（三）构建合作体系，优化网络化治理结构

良好的合作制度体系是保证网络化治理有序推进的关键。首先要构建动静相宜的组织协同机制，包括静态的组织结构体系、人员岗位规范、主体责任与协同责任，动态的协作联动机制，包括主体的进入和退出机制、联席会议制度、超时缺席默认制度。其次要建立明确的责任共担和分担机制，既保障各个主体的工作投入，又确保共同目标的实现。最后是建立基于任务导向的职责分工体系和工作流程设计，在分工优化的基础上建立协同体

系，最大限度地降低行政成本。

（四）建立评估机制，保障网络化治理效益

治理的效益不仅体现为治理本身是否具有合法性、民主性和科学性，还包括治理能否达到设计的目标，更包括治理在实现目标以外的外部效益。

（1）建立科学的评价指标体系，治理过程指标主要考量治理过程是否具有民主性、合法性和科学性，结果指标主要考量目标实现程度，效果指标则是强调治理本身在推动政治、经济、社会、文化以及生态发展方面的贡献率。

（2）建立多元化的主体参与体系，鼓励治理主体、利益相关者以及独立的第三方机构参与，确保评估的客观性和全面性，实现对网络化治理效益的全方位把控。三是建立评估的动态调整机制，根据客观行政生态环境的变化，对治理评估进行动态调整，确保评估的准确性和可持续性。

二、建立社区公共服务分享机制，实现社区公共服务的共建共治和共享

所谓分享服务，就是社会公众基于信息共享平台，通过资源筹集、分配和使用，获取并在一定范围内分享公共服务的全过程。相对于传统的公共服务供给模式，分享服务实现了公共服务治理模式与市场服务治理模式的结合，促成了共治服务模式的形成。分享服务运行的根本在于分享，关键在于参与，载体在于互联网平台，抓手体现为以目标管理实现服务的供给和质量保障。社区公共服务治理的一个重要方向就是建立和形成分享服务机制，充分利用社区资源、社会资源，基于分享服务的平台促成这些资源对社区公共服务供给的补充，促使所供给的公共服务更加满足社区的需求。具体而言，社区公共服务的分享机制主要表现在三个方面。

（一）服务资源的众筹机制

众筹机制主要解决资源从哪里来的问题。所谓众筹，就是指为一个特定的目的在指定的期限和设定的额度内，以网络作为平台，从普通公众筹集小额投资资金的行为。伴随着互联网金融的发展，众筹已经成为当前解决资金问题的重要渠道，《牛津高阶英汉双解词典》（第9版）也将众筹收录定义为：通过互联网向众人筹集小额资金为某个项目或企业融资的做法。众筹一般要经历项目设计、审核项目、创建项目、宣传项目、项目筹资和回

报实现六个阶段。对于分享服务项目而言，众筹机制的运行包括以下方面。

（1）服务筹集的发起者的形成机制，不同于个体和企业融资的营利特征，服务筹集需要共同服务需求者的发起机制。

（2）服务项目筹集的审核机制，即发起的服务项目必须经过相关行政管理部门或基层公共组织的认可。

（3）服务筹集的创建机制，即确定要筹集的服务策略设计。

（4）服务的宣传机制，以互联网和基层宣传平台推动服务方案宣传，吸引公众参与。

（5）服务回报确定机制，即服务方案筹集成功以后，明确服务的边界和参与者的利益。

（二）服务业务的众包机制

“众包”一词最早由美国《连线》杂志的记者杰夫·豪提出，他认为众包就是公司或者机构把曾经由员工完成的任务以公开号召方式外包给不确定的大众网络的行为。[①] 当工作具有协同性时，众包或者以大众生产的方式出现；但众包经常是由个人承担的。众包的重要前提是公开号召方式和潜在宽泛的劳动力网络。众包机制的产生在丰富企业行为的同时，也为公共服务治理机制提供了巨大的空间。服务的众包机制主要包括以下内容。

（1）服务的发布，主要将所要获取的公共服务进行对外发布，包括界定公共服务的边界和拆解。

（2）服务众包主体的分散锁定，即对参与众包服务的申请者进行审查并进行合同管理。

（3）众包服务的管理，以通过全过程的管理监控模式保障众包服务的质量。

（4）众包服务的评估，通过多元评估实现对众包服务的绩效考评。

（三）服务信息的共享机制

分享服务源于信息共享平台的信息资源交互，通过信息共享实现公共服务供给、需求和管理三方的有效互动，实现社会资源的整合和分散式服务的精准供给。信息共享机制的核心在于开放性服务分享平台的搭建，关键在于有效信息的获取、筛选和应用。因此信息共享机制就成为分享服务发展的重要内容，包括：服务需求的聚集机制，即将社会的有效

---

① 王晨郁．一次“众包”新闻实践带来的思考［J］．中国记者，2012（7）：2.

需求整合到服务分享平台；服务供给主体的分散锁定机制，即将拆分的服务分散锁定在服务的供给主体；服务供给的全过程监控机制，以服务需求为导向，以互联网手段全程监控服务的供给过程，评估服务供给结果。

三、充分利用现代科学技术，推动智慧社区公共服务体系建设

社区治理智慧化是当前社区治理的重要内容，也是实现社区治理适应当前社会发展的重要环节。当前的社区公共服务治理智慧化建设主要仍是体现在社区安全防控体系、社区政务服务线上运行体系和以社区社交网络平台为主体的技术路径改革，距离当前智慧化所强调的“互联网+”、大数据和人工智能体系还有较大的差距，智慧化社区仍然未能发挥最大效用，未能真正体现对社区公共服务治理水平的贡献。因此，智慧化社区建设，应该注重智慧化本身这一焦点，充分发挥智慧来推进社区公共服务决策、执行、供需匹配和有效监督。

（一）推动建立社区公共服务治理的大数据平台

有效的数据使用是社区治理的关键，而当前社区公共服务治理中，在社区层面缺乏数据的收集平台，社区的数据也分散于不同政府职能部门，数据的隔离问题间接造成了公共服务治理的碎片化，弱化了社区的公共服务治理合力。因此，要推动建立社区公共服务治理的大数据平台具体做法有以下几种。

（1）以社区为载体建立社区公共服务治理数据库，整合分散在各个政府职能部门的分割数据，形成统一的数据收集和处理平台。

（2）以公共服务治理数据库为基础，建立科学的社区公共服务决策体系，基于数据分析和数据挖掘建立需求导向的公共服务决策辅助机制，增强公共服务对于社区公共服务需求的回应性。

（3）以公共服务治理数据库为基础，建立社区公共服务的精准供给体系，通过数据研判和数据计算，推进社区公共服务供给精确化，提升社区公共服务效率。

（二）推动建立“互联网+”的公共服务供给模式

“互联网+公共服务”是当前我国公共服务改革的重要路径，即通过互联网方式来提升公共服务的可及性。建立“互联网+公共服务”的运行机制就是要建立开放式的“互联网+社区公共服务平台”。

（1）要保证平台的开放性能够实现社区的政府主体、社会主体、市场主体和社区居民的有效互动，能够真正实现供需的对接和资源的共享。

（2）要保证平台的智能化和设置数据的运算方式，形成社区公共服务需求和社区供给主体的自动匹配机制，确保公共服务能够以低成本和高精确的方式供给。

（3）要保证平台的可及性，即平台要通过多样化的方式针对不同的社区治理主体开发，确保“互联网＋社区公共服务”平台可以辐射到每一个社区居民。

（三）推动建立智能化的公共服务全面质量管理体系

全面质量管理源于企业管理产品管理，主要通过对产品的全过程管理和质量改进提升产品品质，增强产品竞争力。全面质量管理主要包括以下内容：组织成员的广泛参与、满足顾客的需要、不断改进组织管理和服务、高层管理者的认可与支持、团队精神和策略性规划。社区公共服务的质量管理体系建设就是要破解公共服务的品质问题，通过闭合的过程管理来实现公共服务的质量改进，其中的关键在于以下几点。

（1）要不断推动和完善社区公共服务质量标准，建立适应社区发展需求和服务质量管理的双重指标体系。

（2）建立全过程的质量控制体系，依托互联网平台建立社区公共服务全过程的线上管理体系，做好公共服务的关键环节把控和责任管理，以公共服务的过程管理推动质量提升。

（3）建立及时反馈的评估机制，对于供给的社区公共服务依托智能化平台及时作出评价，推动形成社区公共服务的质量持续改进机制。

第三节　提升管理水平

公共服务管理是实现公共服务有效性的重要保障，传统上的公共服务更多地强调公共服务的资源问题，而对管理的关注较少，使得基层公共服务呈现粗放式的资源投入和结构失衡的资源闲置，有限的资源并未产生预期的效果，一定程度上削弱了社区公共服务治理系统的回应性，也弱化了社区公共服务主体的公共服务动机。提升社区公共服务管理的责献率，核心就是要用科学的管理方式方法来提升公共服务的效率，推动社区公共服务治理体系和治理能力的现代化，形成现代化的社区治理体系、现代化的治理能力和现代化的治理方式。

一、推进城市社区公共服务治理体系现代化

在“党委领导、政府负责、社会协同、公民参与、法治保障”的社会治理格局基础上进一步挖掘社会资源、激发社会活力、吸纳社会主体，形成责任有落实、参与有层次、协同有效益、法治有保障的社区公共服务治理体系。

（一）推动形成网络化治理的社区公共服务治理责任体系，明确多元社区公共服务治理的责任

以责任清单将社区公共服务治理责任压实，形成政府是公共价值的促动者、企业是公共价值的创造者、非政府组织是公共价值的提供者、公民个人是公共价值的实践者的社区公共服务治理责任格局，并建立与之责任相适应的资源管理机制和绩效考评机制，确保落实责任。

（二）构建具有层次的公共服务治理参与体系，形成公共服务治理的参与标准

明确公民的参与责任和公共服务质量全过程的参与标准，将参与纳入公共服务治理的核心要件，不断提升参与能力和参与水平，构建基于多元参与共治的社区公共服务治理体系。

（三）推动形成具有协同效益的治理体系，提升社区公共服务合作治理水平

通过构建社区公共服务治理的协同平台，集众智、获众力、聚众资实现社区公共服务的有效治理。协同平台采取开放式的治理体系，特别是借鉴众筹等平台，由市场主体、社会组织和公众建立基于共同需要的公共服务管理机制，促进多元主体的有效协同。

（四）推动形成法治保障的社区公共服务治理体系

一方面，要推动社区公共服务治理法治化，建立刚性的社区公共服务治理体系，建立

规范的社区公共服务治理程序和标准，通过优化的程序设计保障社区公共服务治理科学性，通过标准的治理要件保障社区公共服务治理的可及性。另一方面，要促进社区公共服务治理公约化，以社区公约作为社区公共服务治理法治的互补性准则，形成柔性社区公共服务治理体系，以民主协商的方式推动社区建立基于共同愿景、共同价值和一致行动的社区公约，推进社区公共服务治理在社区的落地，促进社区公共服务治理的社区化。

二、推动城市社区公共服务治理能力现代化

公共服务治理能力现代化的核心就是要建立一支能够实现社区公共服务有效治理的治理队伍，以实现社区的进步发展、履行社区的公共服务治理、保证社区居民的根本利益。

（一）不断强化社区公共服务治理人员的公共服务动机

社区公共服务主体的动机决定了社区公共服务治理的根本动力和发展方向，也是社区公共服务治理有效发展的根本。公共服务动机源于个人实践公共服务的心理倾向，反映的是个人履行公共服务治理职责的根本动力。对此，在当前的社区治理中要做到以下几点。

（1）不断推动价值教育，让公共服务治理主体坚持良好的价值观，正确处理公共服务中个人合法利益和公共利益之间的关系，确保公共服务的公共属性。

（2）不断强化治理主体的公共精神，促进形成理性基础上的公共服务动机，正确处理社区公共服务中的付出与回报的关系，切实保障和实现公共服务主体本身的利益，确保公共服务的合理属性。

（3）将社区公共服务治理与社区治理、社会治理和国家治理相结合，坚守社区公共服务治理的政治要求，正确处理社区公共服务中的具体实践与普遍政治要求的关系，推动社区公共服务治理的长远发展。

（4）强化公共服务动机，除了大力推动社区教育，用教育来塑造美德、塑造价值，不断推动社区的学习型组织建设，激发社区发展的内生动力外，还要做好社区公共服务动机的监控机制，并以法律、社会公约和政治纪律的方式，规范社区公共服务治理主体的心理预期，提升公共服务动机。

（二）不断提升社区公共服务治理人员的公共服务能力

社区公共服务人员的公共服务能力是社区公共服务治理的根本保障，是社区公共服务治理有效推进最重要的保障要素。提升社区公共服务能力，核心就是推进社区公共服务治

理的专业化。一方面，要不断完善社区公共服务治理的人才引进机制，特别是当前的社工人才，要建立社区公共服务的人才落地平台，推动基于“基本岗位+项目管理”的双重社区公共服务治理人才引进体系，不断提升社区公共服务人才的激励机制，探索和形成社区公共服务人员与公务员队伍管理的对接机制，以及社区公共服务人才职务级别和职称的晋升机制，让更多的专业人才进入社区、留在社区和治理社区。另一方面，要完善社区公共服务治理人才的提升机制，建立系统化、专业化的社区公共服务治理人员治理能力培训计划，实现社区公共服务治理人员社区“通识能力+专业素养”的能力体系，按照当前城市社区治理需要和社区发展规划，不断完善能力体系内容和培养培训机制，让社区公共服务治理人才不断在成长中学习、在学习中成长。

（三）不断提升社区公共服务治理人员的公共服务责任

公共服务责任是社区公共服务治理的关键环节，也是社区公共服务治理顺利开展的保障。社区公共服务责任管理的关键在于明确社区公共服务治理全过程的责任主体、责任内容和追责方式。当前的社区公共服务治理低品质和低效率的核心问题就在于社区公共服务治理责任的模糊化，并由此形成了社区公共服务治理中的“避责效应”，影响了社区公共服务的治理水平。对此，要建立和形成“法定责任+社会责任+自愿责任”相结合的责任管理体系，对于法定责任，要严格监控责任履行、严格追究失责问题；对于社会责任要开展信息披露、政策优惠和行业监管；对于自愿责任，则要充分激励、合理引导、有效保障。要不断推动建立社区公共服务治理的责任管理机制，建立责任管理制度，明确责任主体、责任履行标准和追责方式，确保责任的有效履行。

三、推进社区公共服务治理方式的现代化

治理方式现代化是实现社区公共服务治理目标的重要支撑，治理方式的现代化依托于社区公共服务治理的价值属性，并以社区公共服务治理目标为宗旨，以社区公共服务治理的现实为依据。社区公共服务治理现代化主要是通过现代化的治理方式实现社区公共服务治理的专业化，降低治理成本、激发治理活力、提升治理效益，进一步强化社区公共服务购买机制建设。对此，要科学设计公共服务的购买流程和标准，最大化推进专业化治理主体进入社区提供高品质的公共服务。要扩大社区公共服务的购买范围，最大限度地降低公共服务购买主体的门槛，推动形成以社会组织、市场主体、社区团体、自然人等组成的公

共服务购买主体体系，推进公共服务购买的竞争机制建设，以竞争提升服务质量。要完善社区公共服务购买的评估机制，建立多元评估体系，形成包括成本—效益、过程—结果、供给—需求、标准—质量的多重评估标准，科学、有效、全面地对社区公共服务进行评估。要建立社区公共服务购买的风险管理机制，形成包括风险预测、风险监控、风险预警和风险处置的管理体系，做到对公共服务购买全过程的有效监控。

第四节　提升资源利用率

社区公共服务治理有赖于公共服务资源的有效利用，资源贡献率对于高品质公共服务生产具有重要的价值。但从实践来看，资源利用率低已经成为制约公共服务水平、约束公共服务投入动力的主要因素，大量的公共服务资源闲置已经成为社区公共服务的普遍现象。因此，提高有限公共服务资源的效率已经成为当前社区公共服务治理的重要内容，也是建设高品质社区公共服务的重要路径。

一、完善城市社区公共服务预算机制

当前社区公共服务供给仍然以财政支持为主，财政预算在一定程度上决定了社区公共服务的品质。当前城市社区公共服务的财政预算主要表现为两种形式，一种是基于社区户籍人口的基础性预算，如成都市的社区自治资金、社区公共服务资金等，另一种是专项预算公共服务项目资金。从资金预算主体来看，基础性预算由市政府核算划拨、区政府配套，专项预算资金由政府职能部门统一预算划拨。这种预算管理方式就决定了社区公共服务的资金供给在政府管理层面兼具了稳定性和灵活性，但对于社区而言，灵活性不足，社区受制于预算管理机制并未有效使用到财政资金，资金结余、留存问题较为严重。因此，提升城市社区公共服务资源贡献率，首先就要解决城市社区公共服务的资金预算问题，建立总量控制、动态调整的资金预算管理体系。

（1）构建自下而上与自上而下相结合的预算管理机制，其中自下而上主要是解决社区公共服务需求问题，由社区基于民主决策而形成社区公共服务需求导向的预算体系，自上

而下则是解决社区供给问题，由政府基于科学预算管理形成的供给侧预算体系，二者相互结合形成社区公共服务供给的资源配置资金预算。

（2）建立整体性社区公共服务预算管理体系，整合政府职能部门的社区公共服务职能，建立统一预算的管理体系，避免资金预算的交叉重复和遗漏。

（3）建立完善的社区公共服务预算监管机制，建立财政预算资金的使用标准管理手册，推进资金公开，引入第三方机构加强审计管理，形成社区公共服务预算资金管理的预警监管机制，强化财政资金监管和责任追究。

二、健全社区公共服务的民主决策机制

社区公共服务资金的有效使用依赖于科学、民主的社区决策机制，以民主决策来提升社区公共服务资金的有效使用。社区公共服务治理是以社区公共服务民主机制为前提和基础的，并与社区民主法治相同步。建设和完善社区公共服务的民主决策机制，既要体现社区民主所代表的公民权利，又要体现资源高效使用的科学决策机制，即决策的过程是民主与科学相互博弈、相互融合的过程。对此，一方面要进一步完善社区的居民代表大会制度，兼顾社区户籍居民和租住居民，明确居民代表性，采取多种现代化方式收集居民意见，畅达居民表达权。另一方面要进一步完善社区公共服务决策的标准化管理体系，充分发挥社区议事会的作用，推动社区公共服务决策的过程标准、规则标准和内容标准，确保居民权利与决策科学化之间的平衡。此外还要完善社区公共服务决策的制衡机制，完善社区居民代表大会、议事会、居委会、社区监事会、社区公共资源管理委员会之间的职责协同体系和监督管理体系，建立社区公共服务决策的合法化、合理化审查制度，确保社区民主决策的法治化与科学化。

三、建立公共服务效果评估机制

没有评估就没有管理，科学的评估是公共服务高效管理和有效治理的重要保障。受制于公共服务本身的成本来源多元化和成效外溢性，公共服务评估具有复杂性特征，也在当前的社区管理中疏于开展，基于评估而来的管理也失去了动力和方向。对此，要完善公共服务评估机制，以评促管、以评促建、以评促质。

（1）建立社区公共服务评估标准，建立基于高效、公平、品质、可及的社区公共服务

评估标准体系，设计“基础 + 动态”的评估指标体系，真实反映社区公共服务的特征和价值。

（2）建立以第三方为核心的评估主体体系，通过第三方评估，客观、真实地反映社区公共服务的品质。

（3）建立基于全过程管理的评估机制，全过程评估社区公共服务供给，建立过程的促改机制。

（4）建立资源供给与绩效相挂钩的评估管理体制，实现以评估促进资源有效利用和公共服务质量提升的目标。

第五节　促进供需匹配

社区公共服务需求转化因子是衡量社区公共服务供给与社区公共服务需求之间的指标，反映的是社区公共服务供给对需求的匹配程度。提升社区公共服务需求转化因子，在根本上体现为提升供需的匹配程度，这在当前的语境下主要表现为如何更好地满足社区的需求，即进行有效的需求管理。需求源于差距，这种差距表现为现实与心理预期的差距，即现实的供给无法满足自身的心理预期进而产生的心理诉求。对于需求的管理，首先要搞清楚需求是什么，这就要求建立需求分析机制；其次是如何把握需求，这就要建立需求的导向机制；最后是需求如何满足，即需求的适应机制。

一、健全社区公共服务需求获取机制

需求的有效获取问题一直以来都是经济学所面临的困境，需求获取包括三个层面的问题。一是如何获取公众的真实需求，二是如何处理需求的排序问题，三是如何应对需求的变化问题。这三个层面的需求获取问题也是当前经济学、公共管理学和政治学所面临的重要问题，是治理回应性的客观要求。当前对于这三个问题的处理，仍主要依赖于“调研 + 判断”，用调研来获取民意，以判断来解决需求的排序和需求的发展问题。而这种解决路径因为更多地依赖于调研和研判而存在决策的误区，一方面，调研的需求未必是居民的真

实需求，即无法解决居民对公共服务“获取更多利益和规避更多成本”的趋利心态。另一方面，公民的需求排序问题也是典型的“投票悖论”问题，难以解决公众需求的有效回应。在此基础上，社区公共服务的需求获取机制应该突破传统上的需求管理机制，强调基于大数据的管理决策体系，以数据来分析公众行为、预测公众选择，并作出相应的公共服务配置，这就要求建立以下系统。

（一）基于大数据的公众需求收集系统

“痕迹”是大数据时代的重要数据，收集居民行为的“痕迹”可以成为把握居民行为和预测居民行为的重要决策依据。社区公共服务治理系统是一个耗散结构的系统，居民社区内部行为和外部行为共同构成了社区居民的需求体系，因此智慧化的社区公共服务体系应该是获取居民内外行为的决策系统。对此，社区要建立形成居民社区内生行为的数据监测和收集体系，借助于当前的居民行为信息识别系统（如社区门禁系统、社区附近的公共设施使用记录等）信息数据，结合社区居民生活习惯的信息采集（定期网上问卷）收集社区居民的社区生活基本数据。另外，以层次分析法选取社区关键居民，定期开展民主恳谈和意见收集，获取关键居民公共服务的关键数据。最后，由专门的社区治理主体进行持续性的数据归类和分析，获取公众需求信息。

（二）基于大数据的公众需求分析系统

公众的需求是与公共服务密切相关的，公众需求产生于现实与期望之间的差距，这种差距有社区的因素也有其他的因素。因此，对于社区公众需求的分析要以社区公共服务作为分析的边界，基于收集的社区数据来分析社区公共服务需求。在这里，可以使用满意模型来分析社区公共服务需求的缺口，预测社区公共服务需求发展，解决社区公共服务需求所面临的困境。所谓满意模型，主要用以描述居民满意度和社区公共供给之间的关系，可以用以反映满足社区公共服务需求的公共服务供给情况。基于大数据的公众需求分析系统要求建立以下机制。

（1）关键数据分析机制，即按照公众的核心社区公共服务需求选取关键性的模块和指标，建立模型并进行分析；关键数据的选取要具备长期跟踪性、关键性和可分析性三重特征。

（2）需求分析的动态更新机制，要根据社会发展和居民的需求变化进行需求分析系统的调整。

（3）需求的预测机制，即要根据数据分析能够形成未来一定时间内的需求的有效预测，作为未来需求判断的依据。

（4）需求分析的决策辅助机制，建立自动化的需求分析报告制度，定期形成社区公共服务的需求分析报告，并提供智慧化的公共服务改革解决方案。

二、完善社区公共服务需求的引导机制

需求导向是社区公共服务治理的基本原则，对于需求的管理能够有效促进供给侧的改革，进而更加适应需求，促使供需平衡。引导需求主要是将公众的个人需求引入社区的公共需求，进而通过公共服务予以回应和满足。需求引导机制主要包括以下目标：开发公众的潜在需求，建立个体或部分群体诉求和公共诉求之间的联系；规范公众的异常诉求，将公众的诉求统一纳入社区的公共服务范畴之中，实现个体诉求与公共服务之间的联系；探索公众的未来诉求，并同社区力量和公共资源纳入统一的社区发展规划之中。因此需求的导向机制是具有公共性、规范性和前瞻性的导向机制，在工作方式上体现为宣传、恳谈和动员，在目标上则是实现个体发展和社区集体发展的统一。

（一）强化社区的宣传机制

特别是在当前的自媒体时代，社区需要拥有具有权威性的宣传平台，通过宣传平台来实现宣传的目标，宣传社区公共服务，塑造新的社区公共服务价值，影响社区居民需求。社区的宣传机制建设，一方面体现为宣传体系的建设，即社区的宣传应该是具有特定的宣传管理体系，包括宣传的设计、宣传的实施、宣传的监控和修正以及宣传的评估，即要通过宣传管理形成具有标准化特征的宣传管理机制。另一方面则是建立现代化的宣传平台，提升社区宣传的可及性，要建立立体化的宣传平台，包括现场式的信息宣传栏、社区主导的网络平台、社区社群内的专门宣传路径等，实现普遍宣传与个体推送相结合，让公众能够准确获取宣传信息。同时，宣传产品的设计要具有时代特征，需要根据具体内容，结合公众特征设计更便于公众阅读、理解和记忆的宣传作品，提升宣传的效果。社区宣传机制主要在于通过宣传，让社区居民更加有效地理解社区，更加了解社区公共服务，更为有效地表达自身的诉求。

（二）强化社区的动员机制

社区动员体现的是社区公共服务治理系统的凝聚力，动员力一定程度上体现了社区治理

的效度。强化社区的动员机制，就是要建立能够引导公众需求和创造公众需求的载体。社区动员是社区解决公共事务、应对公共问题以及统一社区利益的重要手段，也是实现社区公共服务需求整合、凝聚社区力量的重要路径。完善社区动员机制，需要注意以下几点。

（1）要明确社区动员的要件设置，即社区动员必须在满足一定的条件下才可以采取，即满足社区动员的公共需求必须具有公共性、大范围和具有一定影响力的需求，这时就需要通过社区动员来协调社区居民的诉求，统一社区的异议，实现社区公共服务需求的一致化，并以此来推动公共服务的供给变革。

（2）社区动员要可控，即要强化社区动员的可控性，社区动员必须在民主、法治、科学的规则之下进行，设置社区动员的负面要件清单，防止动员演化为群体性的事件。

（3）要建立社区动员的发动机制，可以以当前的网格化管理的网格员来发动，推进社区居民的诉求表达和需求的统一，以动员来提升社区居民解决社区公共问题的动力和能力。

（三）社区关键人士的恳谈机制

民主恳谈是解决获取社区公共服务需求、解决社区矛盾、优化社区互动的重要探索，属于协商民主的重要组成部分。民主恳谈机制主要包括以下方面。

（1）如何确定恳谈的关键人士，这就要求社区公共服务治理主体要选择具有影响力的居民，建立动态化的社区关键人士数据库，通过抽样恳谈获取这部分人的需求以及这些人对社区公共服务需求的判断。

（2）建立严格的民主恳谈机制，合理设置民主恳谈的程序，建立恳谈的环境要件和保障措施，确保恳谈有效进行。

（3）保障民主恳谈的效果，民主恳谈的结果一方面要成为社区决策的重要依据，另一方面要成为关键人士发挥社区影响力的动力，使恳谈真正成为需求互动沟通的桥梁。

三、建立和完善社区公共服务需求的满足机制

满足社区公共服务需求是推进社区公共服务治理的最终目标，而由于各种原因，现实中的社区公共服务治理往往舍本逐末，将公共服务治理本身作为目标，这使得社区公共服务出现了供需断档的问题。因此，要建立和完善社区公共服务需求的满足机制，以需求为出发点和归宿点来重塑社区公共服务供给体系。

（一）完善社区公共服务的回应机制

回应性是社区公共服务治理的重要评价指标，回应性的社区公共服务供给和治理机制才能够真正满足社区的需求。建立社区公共服务的回应机制，首先要建立基于回应需求的社区公共服务治理体系，要根据社区公共服务需求来分解公共服务治理任务、建构公共服务治理主体体系、配置公共服务治理资源。其次要形成社区公共服务的回应标准，明确社区公共服务对于需求的回应时间标准、内容标准和形式标准，确保需求得到有效满足。最后要建立社区公共服务回应的追责机制，明确公共服务回应的责任承担规则，提升社区公共服务治理主体回应需求的动力。

（二）完善社区公共服务的精准服务机制

所谓精准服务，就是在公共服务治理过程中要精准满足社区公共服务需求，体现社区公共服务的普遍性的同时确保具体化和个性化，让社区公共服务更具有效性。完善社区公共服务的精准服务机制，一方面要建立精准化的数据管理系统，以精准数据来制定精准服务方案，最大化地满足公众的需求。另一方面要形成社区公共服务的差异化供给方案，根据罗尔斯的“两个正义原则”和全面小康社会的要求，针对不同群体采取不同的服务供给，做到精确到户、精确到人，满足不同居民的差异化需求。

（三）完善社区公共服务的人文关怀机制

社区公共服务治理是以社区人的权利和人的发展为宗旨的，对人的服务不仅要以科学化提升服务效率、以均等化推动社会公平，还需要以人文化实现有效关怀，通过关怀保障人的权利、促进人的发展。对于社区公共服务而言，一方面要主动发掘需求，特别是针对特殊群体不仅仅要努力获取需求，还要主动探寻需求、主动预测需求，提前做好公共服务供给部署。另外，要建立持续的关怀机制，针对特殊居民和群体建立具有持续跟进的服务供给机制，通过服务监测和互动恳谈不断改进质量，确保这一群体的权利保障和进步发展。

社区公共服务治理系统是一个既有多元主体也有治理过程的复杂系统，各种因素的存在和多变，使得社区公共服务治理具有多变性的倾向，系统的内驱力和外推力作用明显。但同时社区公共服务治理系统也是一个基于共同利益和愿景，有治理规则的稳定系统，系统具有稳定的韧性力。这些作用力使得社区公共服务治理系统是一个缓慢发展进步的过程，而改变其中的一些关键治理环节则能够使得这一发展加快与加速，这也是本书研究的价值和意义所在。

第七章　城市社区治理与服务创新研究

第一节　社区基金会

我国政府对基层社会治理创新与社区建设的重视程度日渐增强，并积极将社会组织发展与社区建设进行有机结合，鼓励发展与壮大社区社会组织，且强调社会组织应当“立足于社区、服务于社区”。社区基金会作为西方的一种舶来品，恰恰就是这样的一种社区社会组织。

一、社区基金会及其类型与特征

社区基金会作为一种基金会类型，在欧美等西方发达国家和地区有着悠久的历史和广泛的社会影响。相较于欧美等西方发达国家，中国的社区基金会尚处于起步阶段，不论其在理论研究方面还是实践探索方面都还很薄弱。

（一）社区基金会的缘起

社区基金会，作为西方的一种舶来品，究竟谓何？按国际惯例，社区基金会中的“社区”更多是指“区域”或“地区”概念，而非“居住社区”之意或者国内行政层面的社区居委会或社区工作站之辖区范畴。美国的社区基金会有时辐射一个郡、州，甚至几个州、片区等，由此可见社区基金会核心在于“本地”概念，而非“区域”大小。鉴于此，不同国家和地区根据其国情不同，对社区基金会的概念界定也略有不一。在美国，通常将它定义为某一地区或区域的居民为解决本地区问题而成立的具有独立性的非营利性公益组织。在北欧，通常将它界定为一个免税的、独立的、获得公众支持的慈善组织，通过接受捐赠机构的资助致力于一个特定区域的长期利益。在发展中国家和东欧，一般将它界定为一个独立的慈善组织，致力于满足一定地区的需求，提升当地人民的生活质量。在中国台湾，社区基金会更多地被理解为在一定地理范围的社区内，结合了当地社区居民、专业人士与社区银行，使基金会的基金管理与会务运作能够永续发展，进而能提供各种符合社区需求的资源、服务与协助。而根据全球资助者支持者倡议（Worldwide Initiative for Grantmaker Support，简称 WINGS)，社区基金会可以定义为满足以下条件的公益组织。

（1）致力于提高特定地理区域居民的生活质量。

（2）不受其他组织、政府以及捐赠人制约与控制的独立机构。

（3）由具有代表性的社区居民组成的理事会负责治理。

（4）通过资助非营利组织，解决当下和未来的各类社区问题。

（5）社区基金会所回应的社区问题不局限于特定领域或社区中的特定人群。

（6）为社区积累永久性资源，通常方式是筹集和运作永久性捐赠基金。

（7）寻求多元的捐赠渠道，捐赠者包括本地居民、企业和非营利组织，不局限于单一捐赠者。

（8）服务捐赠者，尊重捐赠者意愿，协助他们实现公益目标。

（9）发挥社区领导力、促成跨界合作以解决社区问题。

（10）运营过程保持透明，有义务定期向公众公开任务目标、活动情况以及财务状况。

这一概念也强调，社区基金会需要因地制宜，因而不要求所有社区基金会都具有如上特征。综上可知，不论对社区基金会进行何种界定，其都与三个因素密切相关，即利用本地资源、依靠本地利益相关者、提出本地解决方案。这也是彼得·沃肯霍斯所认为的社区基金会应具备的三大核心特征：本地资源、本地利益相关者和本地解决方案。结合中国实际，笔者将社区基金会定义为：在一定地域内（以社区居委会或街道地域为界线）为解决本社区问题而成立的具有独立性、公益性的一种枢纽型社区社会组织。在本质上，社区基金会是一个慈善组织，是一种资金源于社区而又服务于社区的基金会形态。它是由一个社区的人们为了这个社区的人所创设的。通常，这个组织由当地捐赠者支持并且由代表个人的公民组成的一个理事会进行治理，这些公民为这个社区人们能生活得更好而努力。

（二）社区基金会的类型与特征

基金会是指利用自然人、法人或者其他组织捐赠的财产，以从事公益事业为目的，按照本条例的规定成立的非营利性法人。

1. 按资金来源，可分为公募基金会与非公募基金会

现行的《基金会管理条例》将基金会分为公募基金会与非公募基金会类，实行分类管理。目前我国的公募基金会多为具有浓厚政府色彩的官方基金会，而非公募基金会主要由企业或个人出资举办。

（1）资金来源不同：公募基金会可以向公众募集资金；非公募基金会的基金来源于特定个人或组织的捐赠，不得向公众募集资金。

（2）支出比例不同：公募基金会每年用于从事章程规定的公益事业支出，不得低于上一年总收入的 70%；非公募基金会每年用于从事章程规定的公益事业支出，不得低于上一年基金余额的 8%。

根据登记管理部门的级别，又可细分为全国性公募基金会、全国性非公募基金会，及地方性公募基金会、地方性非公募基金会。全国性基金会在民政部注册，地方性基金会在各地民政局注册。《基金会管理条例》规定，全国性公募基金会的原始基金不低于 800 万元人民币，地方性公募基金会的原始基金不低于 400 万元人民币，非公募基金会的原始基金不低于 200 万元人民币；原始基金超过 2000 万元，可向民政部申请设立全国性非公募基金会；原始基金必须为到账货币资金。

另外，徐永光先生根据非公募基金会设立动机的不同，将其划分为三种类型：一是“急功近利型”，在捐助过程中注重换取实际利益；二是“公司发展战略型”，虽无短期的商业目的，但希望借此提升公司形象；三是“公共利益型”，不谋求任何公司或个人直接或潜在的商业利益。

2. 按资金使用方式，可分为资助型、运作型及综合型基金会

资助型基金会是将筹集到的资金主要用于资助其他组织开展社区服务或执行公益项目，而不是自己运作公益项目。

其他组织需要提交项目书向其申请资助，说明为什么要开展该项目即论证可行性，要

达到什么目标或效果，取得哪些社会效益，如何有计划地实施该项目，执行团队的能力情况如何，同时提供详细的经费预算，即告诉对方要怎么花钱。基金会方面会在收到项目申请书后对符合资助条件的项目进行审查研究，甚至进行实地考察，然后与获得资助的公益组织签署协议，按计划拨款。

被资助的组织需要定期向基金会汇报项目开展情况，接受评估与监督。由于现阶段我国公益组织普遍存在专业能力不足的情况，所以一些基金会也会同时为被资助组织提供专业能力建设或顾问服务，以确保资金的高效使用和项目目标的达成。也有一些基金会通过公益创投、风险投资、影响力投资等方式，培育初创的公益组织或社会企业，为之提供资金、技能培训等支持；有些基金会则为学术研究机构或思想智库提供资金等支持。

运作型基金会是将筹集到的资金用于自有公益项目，或与其他基金会合作开展项目，一般不接受其他组织的资助申请。这类基金会多为非公募基金会，主要由企业或个人发起，自建执行团队，但由于透明度相对较低，加上缺乏专业人才，项目成效参差不齐，容易受到公众质疑。目前，在认识到自身专业能力不足，资金使用效率不高等问题之后，越来越多的运作型基金会开始转型为资助型基金会。

3. 社区基金会分类

关于社区基金会的类型，根据使用途径不同，一般可分为资助型和运作型两大类社区基金会；根据关注焦点不同，大致可分为社区导向型、捐赠导向型和链接型的社区基金会；根据推动主体不同，可划分为政府主导、企业主导、居民主导的社区基金会等。但不论何种类型的社区基金会，其都是各个收入阶层的人行善的媒介。出于管理成本的考虑，社区基金会通常无法为小额捐赠单独设立一个基金会，但有各种各样的基金可供捐赠者选择，如资助基金、运营基金、永存基金、期限基金、捐赠者建议基金、指定基金、主题基金、命名基金、兴趣领域基金、机构基金、参与基金、奖学金基金及非限定基金等。由此可知，现实中社区基金的实践形式是多种多样的，特别是在设立独立基金时，其更多的是采取一种基于上述各种基金类别相互组合的形式。社区基金会的特征主要体现在以下四个方面。

（1）公益性与无派别性。通常来说，公益属性是社区基金会的本质属性与价值取向，但正源于这一属性，国外的社区基金会通常不受任何党派控制或影响。

（2）资金来源的多样性。社区基金会的资金来源既可以是个体捐赠者，也可以是公司企业、慈善组织、政府、家庭等，甚至还可以是私人基金、单位的遗赠或捐赠以及资产投资增值等。社区基金会资金构成的多元化是其区别于其他类型基金会的一大重要特征。

（3）服务范围的有限性与弹性化。服务范围的有限性是指该基金通常旨在服务于本社区，但这种有限性是相对的，社区基金会的服务范围还具有弹性化特征，即可伸缩性。如克利夫兰社区基金会就由一家地方性的社区基金会逐步演变为全美乃至全球性的社区基金会。中国深圳市社区基金会的服务范围一开始就被明确界定为社区服务站之服务范围，后来部分市区（如福田区）逐渐突破这一限制，尝试在街道范围内组建社区基金会。未来还可以由若干个街道（乡镇）联合共同发起设立区域性层面的社区基金会等。

（4）运行方式的同步性。其运行方式是一边筹款，一边资助社区的公益事业，在二者的同步推进中双螺旋发展。

二、社区基金会发展的本土推进策略

社区治理是一种地方性实践过程。事实反复证明，单一的政府主导或者短期内的支援行为难以为继，社区治理绩效的关键在于地方性知识和地方性资源。地方性知识是源于本土，具有本土意义的认知规范要素；地方性资源指源于本土的配置性资源和权威性资源。社区基金会作为一种“依靠本地利益相关者，利用本地资源，解决本地问题”的社会组织，能够有效链接地方性知识和地方性资源，其成立与发展对于基层社区乃至整个社会都具有重要意义。就微观层面而言，社区基金会能够有效提供社区公共服务，激发社区活力；就中观层面而言，社区基金会能够切实转变基层政府职能，强化基层自治；就宏观层面而言，社区基金会能够有效激发社会活力，优化社会治理结构，促成社会共治。结合中国实际，应从以下三个方面着手推进我国社区基金会的本土化建设。

（一）认清使命，合理移植理念

目前，国内社区组织的管理功能并未很好地发挥出来，而社区基金会作为一种有可能胜任此功能的组织，其首先需要对欧美成熟的社区基金会运作模式及经验予以借鉴。在这一过程中，理念移植的合理与否至关重要，这直接决定着其未来“水土服不服”的问题。理念作为行动的先导，国内在成立与推进社会基金会的过程中，始终应有明确的愿景与使命，即“人人可公益，时时可慈善”，为社区的未来而努力。其次，应有明确的指导原则。社区基金会的指导性原则理应是帮助捐赠者满足社区的特定需求，同时也应建立起当地人的自豪感与责任感。这一原则在当前我国社区参与度不高与社区认同感持续弱化的际遇下急需引起重视。

（二）抓住需求，民众参与，政府支持

在某种程度上，社区基金会要成功完成其使命与愿景必须要做到以下三点。

（1）深入了解社区需求，特别是要掌握社区的深层次需求。唯有这样，才能提出契合实际的社区项目。尽管当代中国的部分城市社区已近乎发展成为“陌生人”社区，居民参与热情也早已削弱，但实践证明，当社区民众切实感受或真正意识到自己的声音和行动能够改变社区现状时，他们对参与社区事务的热情依然会高涨起来。

（2）激发社区活力，鼓励社区多元主体参与，是社区基金会立足本地之基。社区基金会是社区拥有的基金会。它并非一个银行，而是成千上万民众将其视为一个可以信托的资金看管者和公共捐赠者。也就是说，社区基金会的良性运转是建立在社区居民彼此的关爱精神和慈善热情基础之上。这也意味着社区基金会在服务本社区民众的同时还理应受到社区民众的重视与关注。

（3）积极获取政府支持。在我国现行条件下，政府支持是社区基金会得到快速发展的重要推动力之一。中央和地方各级政府应加大对那些立足社区的社会组织及基金会的支持力度，在购买公共服务项目时予以适当倾斜。在此，需注意社区基金会的独立性问题。特别是在社区基金会与企业、政府关系上。一方面，基金会需保持独立性，不受二者之控制，尤其是要防止出现以捐赠人为导向的带有“慈善家长主义”或“慈善业余主义”等倾向性问题；另一方面，又必须积极寻求与二者的合作，以整合资源，为政企社跨界合作提供“磨合”的空间与契机。此外，社区基金会作为跨界合作的平台、代表民意的中立慈善机构，还能够培育起社区领导力，从而进一步在各方博弈互动中增强其自身的独立性。

（三）实事求是，因地制宜，分步骤、分阶段推进社区基金会建设与发展

社区基金会的建设与发展，不是朝夕之事，而是一项具有专业化、系统性的综合社会工程。因此，设立社区基金会切忌搞“一刀切”或“一阵风”，而是要在注重可操作性、可持续性的基础上，从实际出发，分步骤、分阶段地稳步推进。在此，笔者认为设立社区基金会的基本原则应是：以充分发挥基金会在社区治理中的积极作用为出发点和落脚点，因地制宜、适度竞争，有条件成立社区基金会的街道（乡镇）社区可以成立社区基金会，尚不符合条件的可以在现有基金会下设专项基金，等条件成熟时再转换为社区基金会。社

区基金会的合法性问题（即登记注册问题）只是其功能发挥的一个条件而已，更为重要的是，在这一有机生长的过程中，基金会本身在实践中已经愈发成熟，具备能够引领社区善治、完成其组织使命的一系列能力。

另外，鉴于没有任何一种社区基金会的模式可以灵活处理地区和优先拨款的关系，也没有任何一种政府的模式能让一个特定的社区利益最大化，因此还应加强引导、广泛动员，积极探索由辖区内的自然人、法人和其他组织自主自愿发起的社区基金会，以结合实际不断创新与尝试符合我国特色的社区基金会。然而，不论何种类型的社区基金会，一旦成立，就必须接受市场检验与社会选择。特别是在参与社区治理、满足社区需求的过程中，社区基金会将会在这种汰换机制中保持良性发展。此外，还需注重不同社区基金会之间互助网络的搭建与培育，以不断形成合力，协同推进。

总之，对待一种新的基层社会与社区治理创新方式或模式——社区基金会，人们总是会迫不及待地去模仿和推广，但这常常会犯下一个致命性错误：重结果而轻过程，重形式而略本质。这样，“削足适履”之现象和“南橘变北枳”之后果便时有发生。为此，对待社区基金会及其发展，应取其精华、去其糟粕，稳扎稳打，逐步推进。

第二节　智慧社区

中共中央印发的《法治社会建设实施纲要（2020—2025 年）》提出要“完善党委领导、政府负责、民主协商、社会协同、公众参与、法治保障、科技支撑的社会治理体系”。一方面，随着近年科学技术尤其是“互联网 +”及 5G 技术的迅猛发展，科技日益改变着人们的生产生活及对社会的认知方式。另一方面，全球化、信息化与城市化已日渐成为重塑现代社会的三大力量。在此大背景下，推进以科技力量为支撑的社区治理现代化和智慧社区建设，是党和政府立足于我国智能社会建设和新型城镇化发展实际，为提升基层社会治理和城市管理服务水平而作出的重大决策。

一、智慧社区及发展

所谓智慧社区，主要是指通过运用移动互联网、物联网、大数据、云计算、信息智能终端等新一代信息技术，整合社区内的客流、土地、房产、物流、服务、消费等信息，以及社区周边的商家资源、服务生态圈，实现新型、智慧的社区治理和社区服务创新模式，为社区居民提供全方位的智能化服务和更智慧的生活环境。具体来说，是指以更好地服务于社区居民为核心，借助物联网、云计算、移动互联网、信息智能终端等新一代信息通信技术的集成应用，将社区内的楼宇、道路、安全设施等进行智能化，并经由大数据对小区内全部信息进行判别和挖掘，以实现社区居务管理、独立业务管理等的智慧化过程。在这个过程中，社区网站、微信公众平台、App 等作为智慧社区实现的端口，充当了各界沟通交流的平台，建立了居民利益表达与调解机制以及居委会在线对话服务功能，最终实现居民在社区内的智慧化生活。例如，北京东城区永建里社区搭建事务办理生活圈的微信平台，朝阳区街道建立了街道层面的网上服务平台“空港南竹网”，顺义区石园街道北社区开发了志愿服务的智能平台“微盟（App）”等。由此可见，智慧社区这种全新模式不仅将 QQ、论坛、微博、微信等互联网要素有机融合起来，充分发挥出新时期信息整合及交互传播的优势特性，而且还有效于“无形”中把居民“成功”拉进社区服务管理系统内，缩短了政府与民众间的距离，提升了公共服务信息的传播速度与受益面，延伸了基层社会管理神经末梢网络。

其实，早在 2013 年，民政部、国家发展改革委、工业和信息化部、公安部、财政部就曾联合发文要求“推进社区公共服务综合信息平台建设”①，共织社区信息治理网。社区公共服务信息化及居民信息服务终端的应用，不仅可以使社区服务需求表达和反馈更为通畅，而且还直接方便了社区居民的生活，有效提升了社区业务的高效协同，为现代城市社区的建设插上了一双“智慧双翼”。各省市纷纷出台了相应的政策，助推智慧社区项目落地。实践中，智慧社区建设涉及社区基础网络设施建设、社区网格化管理、社区地理信息、社区电商、智慧家居、智慧物业服务、智慧社区养老、社区金融等诸多领域。但本质上，智慧社区不仅是应用信息技术规划、设计、建造和运营社区基础设施，促进公共服务和便民利民服务智能化的一种社区管理和服务的创新模式，是新型智慧城市建设的重要抓手，亦是提升居民生活质量、促进社区和谐、实现新型城镇化发展目标的重要举措。在这

① 社区公共服务综合信息平台是依托信息化手段和标准化建设，整合公共服务信息资源，采取窗口服务、电话服务和网络服务等形式，面向社区居民提供基本公共服务的平台。社区公共服务综合信息平台原则上在市（地、州、盟）层级建设和部署，主要在街道（乡镇）层级统一应用，坚决避免区（市、县、旗）以下层级分散投资、重复建设。参见《关于推进社区公共服务综合信息平台建设的指导意见》。

种意义上，智慧社区的建设与发展依托于智慧城市，反之其也是建设与发展智慧城市的关键。

2022 年，民政部等九部门印发了《关于深入推进智慧社区建设的意见》，要求立足新发展阶段，完整、准确、全面贯彻新发展理念，服务加快构建新发展格局，深化物联网、大数据、云计算和人工智能等信息技术应用，按照智慧城市和现代社区的发展要求，依托社区数字化平台和线下社区服务机构，集约建设便民惠民智慧服务圈，提供线上线下相融合的社区生活服务、社区治理及公共服务、智能小区等服务，让社区更加和谐有序、服务更有温度，不断增强居民获得感、幸福感、安全感。在当前“互联网+”的大背景下，科技尤其是信息技术如 5G 等日新月异的发展将会在现代城市社区建设、发展与治理中发挥越来越重要的支撑作用。同时，信息作为一项重要资源，已经可以与物质、能源一样成为使拥有者获得自身最大化利益的重要博弈资本。现如今，加快社区信息化建设，“让数据多跑路，让百姓少跑腿”的信息化管理已为现代社区治理与服务创新提供了这样的可能和便利。

相关数据统计显示，目前全国 60% 以上的城区都建有社区管理服务信息网络，大大提高了社区服务效率和质量，使居民能更方便快捷地享受到政府提供的公共服务。为此，新时期的现代城市社区建设，更应充分利用现代信息技术，有效整合各类服务信息和管理资源，逐步推进劳动保障、社会救助、医疗卫生、就业培训、计生、养老等领域在社区层面的数字化管理和整合服务。例如，北京市大兴区各个街道积极推进的智慧社区建设，就是利用信息化服务公众，使居民通过大兴区服务网的手机客户端就可以反映各类诉求，从而有效地提升了社区居民的幸福指数。现如今的北京智慧社区建设，已远远超越了当初以为居民提供诉求渠道的手机客户端发展阶段，而迈向集视频监控、人脸识别、可视对讲、消防感知、周界报警、电子巡更、家庭报警以及物业服务等智能化的一体化建设阶段。

总之，随着以大数据、物联网、云计算、人工智能和移动通信网络技术的迭代发展为特征的第四次工业革命浪潮的加速演进，特别是以“云、大、物、智”为核心代表的数字经济的强势崛起，智慧社区及其相应的智慧治理则将在基层街区层面有着更为广阔的发展空间、应用空间及完善空间。

二、智慧社区服务及系统

智慧社区及其建设乃以提供更优质的社区服务为核心旨向。智慧社区服务是个系统工程，其涉及服务范畴、用户及其相关产业链等。

首先，就服务范畴而言，智慧社区涵盖社区内部和社区周边的各项服务，社区内主要包括智慧家庭、智慧物业、智慧照明、智慧安防、智慧停车、智慧楼宇等基础设施服务，社区周边主要包含智慧养老、智慧医疗、智慧教育、智慧零售、智慧金融、智慧家政、智慧能源、智慧水电、智慧政务等民生服务。不论内部服务还是外部服务，智慧社区最终要为居民提供更安全、更高效、更舒适、更便捷的居住环境，为社区居民提供全方位的智能化服务，全面满足新时期居民群众的高质量生活和发展需求。

其次，就社区用户而言，智慧社区除了服务于核心用户社区居民外，还服务于政府和企业等其他用户。其中，政府、企业和个人的智慧社区服务的三大类主要用户，各方对智慧社区的功能需求均不相同。政府以“居民信息管理”为核心，更关注社区信息收集、处理和响应以及社区环境建设；企业更关注与居民生活相关的新产品、新服务推广与运营；居民主要关注的是居住环境和提供服务的安全性、便捷性、舒适性等。

最后，就智慧社区服务的相关产业链而言，目前智慧社区产业链已逐渐形成各方参与、互利共赢的局面。产业链上下游涉及设备提供商、软件/算法供应商、电信运营商、系统集成商、解决方案提供商、地产开发商、物业运营商等多个角色。其中，设备提供商、系统集成商、电信运营商位于产业链上游环节，业务提供商、地产开发商、物业运营商、社区运营商则分布在产业链中下游环节，产业界限划分较为模糊，各方更多以合作方式参与到智慧社区的建设中。

综上可知，智慧社区服务及其相关产业链建设是个系统工作。从系统的服务功能出发，智慧社区服务系统主要分为信息服务系统、物业管理服务系统、安防服务系统等。其中，信息服务系统是为社区居民、社会组织提供集咨询服务、事项服务、交流互动、娱乐休闲于一体的综合便民信息服务；物业管理服务系统是为物业部门提供社区公共设施管理、维修与保养服务，社区综合监管、停车场管理及保洁服务信息，也可发布水、电、燃气、电话等账单查询和代缴费服务等；安防服务系统通过整合社区的视频监控、入侵报警、门禁控制、楼宇对讲等多类子系统的动态感知数据，实现社区内实有人口管控、人车轨迹研判、异常告警处置、潜在风险预控等应用，为公安和政府部门的人口管理、案件侦查、综合治理、态势研判提供有力的信息和技术支撑。但现实中，鉴于当前我国大多数智慧城市及社区建设中，三大系统服务用户的差异性，故三者尚处于分离状态。

第三节　学习型社区

诚然，21 世纪是一个知识经济的时代。知识经济新时代要求与之相匹配的学习化社会，亦要求有应对不断变化的经济与社会环境所需的学习型社区。社区教育作为终身学习与学习型社区建设的有效抓手和重要载体，既是新时期我国学习型城市和学习型社会建设的出发点与落脚点，也是未来社区可持续发展的不竭动力所在。

一、学习型社区及内涵

学习型社区是为个体和群体提供正规和非正规学习机会的地区，目的是使他们获得知识、技能、态度，形成价值观，从而促进经济的可持续发展并增进社会的整合和凝聚。

关于学习型社区的内涵，可以从以下四个方面把握。

（1）学习型社区是一个运用终身学习的理念并把其视为组织原则和社会目标的社区。

（2）学习型社区是一个以社区学习者为中心的社区，是围绕保障社区成员学习基本权利和满足社区成员终身学习需求的社区。

（3）学习型社区是一个正规学习、非正规学习、非正式学习等所有学习资源实现充分整合的社区。

（4）学习型社区是一个促进社区成员素质和生活质量提高，以及实现可持续经济发展与社会聚合的社区。

从某种意义上来说，新时代的学习型社区既可以是一个城市，也可以是一个城镇或地区，其是以学习作为促进社区建设、发展和治理的核心手段，以完善的社区教育体系和普遍的学习型组织为基础，社区居民广泛参与多样化的社区学习活动，从而有效地提高社区居民的素质和生活质量并促进社区持续发展的创新型社区。其具有学习机会广延性、学习资源共享性、学习参与主动性、学习行为互动性等特征，且在弥补正规教育、丰富闲暇教育、拓展文化教育、提升道德教育、拓展职业教育（技术经济），以及推进城市化等方面具有积极功能，是学习型城市与学习型社会建设的基石。

二、新时代的学习型社区建设

学习型社区是学习型社会建设与形成的基本构成单位。综观全球，世界各国在向学习型社会迈进的过程中都将目光关注在学习型社区的建设上。因为以学习为中心的方式能够为社区的各种投入带来潜在的回报。换言之，学习型社区能够为所有公民学习机会提供积极支持，并通过寻求各种方式使人们在人生的各个阶段都可以获取知识和发展技能。

首先，积极发展社区教育，推进学习型社区建设。在我国加强社会建设和推进基层社会治理创新的进程中，社区教育已愈发成为社区治理创新和社会建设的重要组成部分。社区教育作为学习型社区的基石，是建设学习型城市与学习型社会的关键抓手与有效途径，是完善终身教育体系的重要举措。为此，要重视社区教育“以人为本”发展理念，通过健全一系列制度拆除制约市民学习的围墙，并出台一系列政策为市民搭建起终身学习的桥梁。社区教育是以服务社区所有居民的学习需求为第一要务。而正规教育长期难以摆脱精英教育的束缚，“求学”“读书”也成了人们为获取“资格”和社会地位的一种追求。某种程度上，如何彻底摆脱精英主义的桎梏，使教育切实关注平民需求、走进平民生活，并成为任何人在需要时都触手可及的活动，是新时代社区教育发展与学习型社会建设的巨大挑战。此外，发展社区教育，推进学习型社区建设也是建立终身学习制度，形成学习型城市和社会的重要基础和途径。

其次，持续推进终身教育，倡导居民终身学习。终身学习是后工业化、后现代、后福利时代出现的教育新理念。在学习型社区建设中，一条明确而统一的思路就是将终身学习应用为实现经济复兴、民主参与、社会包容与整合的关键资源。学习型社区提倡每一个人及群体在生命的所有阶段都进行学习。① 实践中，学习型社区利用场地联结能够辐射范围内的个体成群聚集，整合学习资源，搭建社区网络中心，对推动学习氛围、增进社区认同感和归属感将发挥重要作用。例如，日本建设省为确立以终身学习为核心的生活模式，构建了推进典型的学习型社区——“终身学习村”，这一社区将住宅设计与建设紧密相连，致力于打造使居民安心生活、利于三代交流的居住和学习环境。② 某种意义上，终身教育

① ［美］迈克尔·奥斯本，等. 学习型城市——发展包容、繁荣和可持续的城市社区［M］. 苑大勇，译. 北京：教育科学出版社，2016：123.

② 吴忠魁. 当今日本建设终身学习体系的经验与措施［J］. 比较教育研究，2000（5）：48－53.

与终身学习的变革可能经常发生在与日常生活密切相关的社区层面，而非省级或国家层面上。学习型社区是达至学习型城市与学习型社会的有效路径。特别是在我国构建终身教育体系和建设学习型社会的进程中，学习型城市与社区教育已日渐成为一种区域性的全民终身教育。

再次，注重社区文化内涵建设，促进学习型社区走向纵深。“书籍和阅读是人类文明传承的主要载体。”当今全民阅读已成为时代潮流，不仅是人民群众普遍的精神需求，也是一个国家、一个区域或一个单位内强素质、外树形象的基本方式。《第二十次全国国民阅读调查报告》显示，2022 年我国成年人人均纸质图书阅读量为 4. 78 本，高于 2021 年的 4. 76 本。人均电子书阅读量为 3. 33 本，高于 2021 年的 3. 30 本。为此，新时代要注重社区文化内涵建设，深入开展“书香社区”计划，积极营造“全民阅读”氛围，力争将阅读作为一种生活方式，把它与工作方式相结合，这样不仅会增加社会发展的创新力量，而且还将增强社会的道德力量。某种意义上，新时代的社区愿景或价值应是通过社区文化、社区精神的重塑而进行一次有意义的社会实验。当人们成为新型邻里关系的塑造者、和谐社区的参与者、美丽社区的建设者，也一定会是城市文明的呵护者，公共事务的积极参与者等。

最后，充分运用互联网思维，探索学习型社区数字化建设。当今世界，科技进步日新月异，互联网、云计算、大数据等现代信息技术深刻改变着人类的思维、生产、生活和学习方式，推动着教育的变革和创新。为此，要充分运用互联网思维，不断探索在新的经济社会发展条件下，如何更好、更体贴、更周到地服务于百姓需求，进而推动学习型社区数字化建设和社区居民数字化学习工作的广泛开展。实际工作中，实现社区居民数字化学习的关键有两点：一是要建设好优质的学习资源，这里不仅仅是学历教育资源，也包括非学历教育资源，还有休闲教育资源；二是要不断创新服务模式，把适合百姓学习的资源送到他们身边，逐步实现人人皆学、处处能学、时时可学。

三、学习型社区创新实践：共生网络下高校社区互嵌式实践教育的三种模式

实践中，学习型社区的实现方式多种多样，如学习型街道（社区）、学习型楼组、学习型楼宇以及学习型商圈、驻区学习型单位、学习型企业等。在此，以大学所在街区为例，从共生理论视角探讨当前高校正在如火如荼开展的创业实践教育与其所在社区之间共

建学习型社区的多元互嵌模式。

以发展的眼光看，高校创业实践社区系统内的主体单元能够通过互相联系结网共生促进相互尊重、互相学习，进而提升彼此间的共生度和关联度，并进一步提升高校与社区互嵌式实践教育开放网络的资源整合功能，推动双方主动参与社区教育资源开发与建设，整合行业、企业、职业院校和社区等教育资源的积极性，为学习型社区的可持续发展奠定基础。在这一过程中，通过增进校社双方的资源建设决策能力，提高资源整体规划科学性，提供优质教育资源，推动开放式“大学—社区”网络共同体建设。共生理论提出：“根据共生单元的组织程度和行为方式，以共生度和关联度两种维度，实现由‘低级到高级’从‘简单到复杂’为标准的提升。”因此，相比螺旋模式中的注重区分实践教育创新合作主体的边界性和各自运行模式不同，共生网络模式更加强调合作主体界面的交互性和能量关联紧密度，注重通过内部循环能力的建构所形成的“共生单元—共生结构—共生网络”能级发展阶段性提升的可能性。实践中，以高校社区互嵌式创业实践系统共生体为代表的创新性学习型社区建设，依据现实的合作程度和阶段特征，大致可划为分利共存模式、融合共利模式和共存共生三种基本模式。

（一）分利共存模式

这是基于“差异性偏利”合作理念基础上的一种初级共生模式，主要特点是合作的共生界面已经初步成型，为双方的合作行为搭建起基本的活动平台。但是由于共生界面尚未成熟，导致合作系统内部要素之间的联结比较松散，多种介质共同影响，呈现出较强的随机性，界面结构框架也稍显松软，共生界面的合作呈现某种断续的、间歇的特征。高校与社区的最初合作，往往是试探性的，通常是在既有的制度性框架内，比如地方政府和相关教育部门的创业项目基金分配政策、校企合作实践基地培育政策等，借助互助互利型契约来联结双方的权责关系。合作方式主要是通过双方共同举办项目交流会议、项目推介会等渠道达成初步合作意向，如高校与社区共建创业孵化基地项目的磋商、院系实践基地的社区培育意向的达成等，这一过程，双方可通过设施共建，成本共担，资源共享的途径，实现各自的利益诉求。由于这种模式的共生界面的多介质影响，合作双方利益的波动较为明显，合作动机主要是基于自身的利益考量，因此这种合作在时间上带有不连续性和间歇性。

（二）融合共利模式

这是基于“非对称互利”共生合作理念建构起来的中度共生模式。在分利共存模式共生界面框架初步搭建的基础上，融合共利模式的界面进一步推进了共生单元同共生环境的融合度，建构了更加稳定的共生结构，为促成更稳定、长期的合作提供了更加成熟的平台。高校与社区、科研院所及企业之间在经过前期的接触洽谈后达成了合作意向，接下来，为深入参与双方的项目，加强合作过程中的组织沟通和资源、技术及人员协同，双方会举办如融资协议及各类合作论坛、技术和经验交流洽谈会、合作体内部定期沟通等通气和协作谈判等活动。相比于偏离共存，融合共利更注重利益互惠性，高校与社区双方从最先的创业实践项目合作方案的拟定、活动策划和组织实施、中间管理过程的成本分担、后续的项目综合收益的分利等，都是基于共赢为出发点展开，但由于受到共生界面功能分布的非对称影响，该合作模式存在利益非均衡的缺陷，当然这与高校与社区的地方性主体地位差异性、隶属关系层级及区域影响力有着不可分割的关系。如果以上偏离要素能够均衡控制的话，互动合作水平有可能进入“对称互惠”共生合作程度。

（三）同存共生模式

这是体现合作双方最高程度共进性的共生模式，该模式的特点是合作全过程性管控，双方深度嵌入彼此的组织结构，以合作事务的流程性为关注重点，实施项目开展的全环节嵌入和全时段融入，这一过程中，逐步实现共生界面介质的交流更加趋于稳定和规律性，互动机制出现某种程式化特征，从而达到了共生单元和共生环境和谐共处的目的。在这一模式下，高教实践创新各类公共主体以强有力的引导和推动将合作项目，资源和平台纳入一体化的制度框架，超越了界域阻隔和空间差异的局限性，学校、企业、社区在完全信任的基础上深入沟通交流，在频繁的协商洽谈和更多互利层面上展开全面、深入和持久的合作，使共生合作体现出健康和良序的局面。可以说，“同存共生模式”是高校与社区互嵌式合作中着力培育的理想模式。

某种意义上，上述不同类型的高校社区互嵌式创业实践系统共生体，既可以说是社区参与型学术在新时期理论发展模式上的持续创新，也可以说是学习型社区在实践发展与探索中的创新性尝试。

第四节 社区养老

当前我国已经进入人口老龄化高速发展时期，持续增加的庞大老年人口之养老问题愈发成为当前党和政府、社会及家庭亟待解决的热点与难点问题。然而，如何满足老年人美好生活需要的目标，努力实现“老有所养、老有所依、老有所乐、老有所安”，让老年人更有获得感、幸福感、安全感，是新时期社会各界亟待破解的难题之一。

一、社区养老概念及内涵

社区养老，通常是指以家庭为核心，以社区为依托，以老年人日间照料、生活护理、家政服务和精神慰藉为主要内容，以上门服务和社区日托为主要形式，并引入养老机构专业化服务方式的居家养老服务体系。社区养老的最大特点是让老年人住在自己家里，在继续得到家人照顾的同时，由社区的有关服务机构和人士为老年人提供上门服务或托老服务。在这种意义上，社区养老有别于家庭养老和社会养老，它是将机构养老中的服务引入社区，实行社区的在家养老。实践中，社区养老的内容涉及诸多方面，如设立养老、敬老、托老福利机构，设立老年购物中心和服务中心，开设老年人餐桌和老年食堂，建立老年医疗保健机构，建立老年活动中心，设立老年婚介所，开办老年学校，设立老年人才市场，开展老年人法律援助、庇护服务等。

二、人口老龄化背景下的社区养老创新实践：医养结合

人口老龄化是经济发展、社会进步、生活水平提高、医疗卫生条件改善的重大成果，但同时也引发了劳动年龄人口比重下降、社会赡养比上升、社会结构性矛盾等一系列问题，是社会发展的一个严峻挑战。根据世界卫生组织的有关标准规定，一个国家或地区 60 岁以上的人数占总人口的 10% 及以上，或 65 岁以上的人数占总人口的 7% 及以上，那么

这个国家或地区就已经进入了“老龄化”社会。[①] 我国第六次全国人口普查显示，全国60岁以上人口数占人口总数的13.26%，证明我国已经迎来了老龄化社会。根据第七次全国人口普查结果的数据显示，我国60岁及以上人口占人口总数的18.7%，其中65岁及以上人口占人口总数的13.5%。与2010年第六次全国人口普查相比，60岁及以上人口的比重上升5.44个百分点，65岁及以上人口的比重上升4.63个百分点。由此可知，当前我国面临着巨大的养老压力，养老问题解决不好，对我国的经济发展、社会权利的有效转移都会造成巨大的影响，甚至会阻碍和谐社会的建设。特别是近年来我国人口老龄化问题日益凸显，传统的居家养老和机构养老模式愈发不能满足高龄、失能、空巢、患病等老年人的养老需求，养老服务有效供给明显不足。2023年5月，中共中央办公厅、国务院办公厅印发了《关于推进基本养老服务体系建设的意见》，强调基本养老服务在实现老有所养中发挥的重要基础性作用，推进基本养老服务体系建设是实施积极应对人口老龄化国家战略，实现基本公共服务均等化的重要任务。党的十八大以来，在党中央坚强领导下，基本养老服务加快发展，内容逐步拓展，公平性、可及性持续增强。“十四五”时期重点聚焦老年人面临家庭和个人难以应对的失能、残疾、无人照顾等困难时的基本养老服务需求。

三、医养结合：推进新时代养老服务高质量发展

为持续推进新时代社区养老服务高质量发展，进一步优化与完善“医养结合”的体制机制建设，建议从以下三个方面着手努力。

（一）从社区养老的设计上看，应作好源头规划，保障社区养老尽快落地

当前，我国社区养老用地和设施建设匮乏，尤其是在城市老旧小区以及农村地区，新建社区也存在养老设施不足的现象。为解决这一问题，老旧社区的公共福利设施多由政府公共财政出资购置或租赁，新建社区则由开发商通过配套社区用房的方式解决。但真正的难点不在于设施的建设难，而在于设施的落地难，排除居民的认知不足外，引起这一问题的原因，归根结底在于规划的滞后。很多小区在规划设计时，没有预留社区养老等公共福利设施用地，给后续补建造成了很大的被动，也增加了诸多不必要的财政成本。因此，相

① 钱凯．我国人口老龄化问题研究的观点综述［J］．经济研究参考，2010（70）：7.

关部门应提升规划意识，将社区养老场所等社会福利设施纳入城市建设规划，对护理、康复、自理、托养、居家及文体等各类养老服务机构建设数量和布局统筹考虑、分步实施，从源头上解决社区养老设施建设的布点问题，从而助力社区养老项目尽快落地。

（二）从社区养老的模式上看，应以社区为平台，实现养老模式的“三位一体”

当前我国养老规划的主要目标是建立“以居家为基础、社区为依托、机构为补充”的养老模式。从全球经验来看，居家、社区和机构三种养老模式本身符合国际惯例，但问题在于当前我国这三种养老模式相对“割裂”，各自为政，尚未实现资源信息互通有无，更未形成一体化的平台。结合市场需求，当前的养老模式改革应该从社区养老入手，将居家养老和机构养老有效对接起来，形成“居家养老、机构养老、社区养老”的“三位一体”。可以考虑的做法是由“社区养老”走向“养老社区”，如常州、萧山等地涌现出的颐养中心、养老公寓等以地产为基础的养老模式创新正是对“三位一体”养老模式的实践探索。

（三）从社区养老的运营上看，应创新运营方式，放宽社会资本进入社区养老的政策限制

从社区养老的专业性、便利性和低成本等方面考虑，应加强资源整合和利用，进一步鼓励社会资本投资建设和运营养老机构，考虑推广公办民营、公建民营模式，将社区养老设施的建设、移交、管理等工作交由社会力量运营，一方面增加养老服务产业的市场活力，另一方面节约政府成本，避免由于入不敷出导致的社区养老服务中心运营不畅问题。同时，尽快建立健全医养结合社区养老的政策体系、行业标准及管理规范，并加快培育一批兼具医疗卫生和养老服务资质与能力的养老机构，促进社区养老规范发展。此外，还要根据社区养老的发展实际，尽快放开对于社区养老机构的场地、规模、经营主体等的政策限制，使更多的家庭化服务机构、小微企业甚至外资企业具备合法服务资质，以缓解社区养老服务的市场供给缺口，实现政府、社会和投资主体的共赢。

四、精确方向、精细需求、精心服务——中山市石岐匠心打造医养结合的社区居家养老服务精品模式

石岐区相关职能部门深入探索，以满足人民养老服务需求为目标，积极落实《关于深

化改革推进中山市社区居家养老服务从量到质提升的实施方案》。根据中山市民政局“1+2+N”社区居家养老改革要求，石岐区以居家养老服务中心为依托，坚持开展上门家政和送餐助餐两项兜底养老服务，积极拓展康复护理、日间照料和安全援助等多样化服务，全方位为石岐老年人提供休闲学习、康复保健、文体康乐等医养结合的一体化养老服务体系，有效辐射了石岐区长者3万余人。

（一）精确方向全覆盖，全面摸查石岐区老年人的具体情况

在当前养老资源有限的情况下，石岐区居家养老服务中心原来场所较小、人员配备不足，存在服务内容单一、重失能老年人的帮扶工作、轻健康老年人的关心服务，没能全面让石岐区所有老年人都享受到石岐区经济发展和社会进步带来的养老福利。为此，石岐区对60岁以上老年人情况进行了全面摸查和具体分析，以完善居家养老服务体系建设，提供不同层次服务，让广大老年人拥有更多幸福感和获得感。根据第七次全国人口普查结果，中山市60岁及以上人口为391780人，占人口总数的8.87%，其中65岁及以上人口为264160人，占人口总数的5.98%。与2010年第六次全国人口普查相比，60岁及以上人口的比重提高2.07个百分点，65岁及以上人口的比重提高1.55个百分点。石岐区60岁及以上人口占人口总数的15.27%，其中65岁及以上人口占人口总数的10.76%。总体上，石岐区人口老龄化问题严重，社区居家养老服务的形势较为严峻。

（二）精细需求深调研，深入分析不同群体的需求差异

老年人的经济情况、健康状况、居住类型等因素会显著影响老年人对不同服务的需求，有效开展社区居家养老服务应该对各群体老年人的需求进行精细区分和深入调研。近年来，石岐区对60岁以上的经济困难老年人、失能半失能老年人、独居老年人和健康老年人这四类老年人分别开展了居家养老服务需求深调研。调研结果发现，一是对于经济困难的老年人，需要侧重于帮扶救助政策的宣传和落实，重特大疾病的及时医疗救助；二是对于失能半失能老年人，需要侧重于送餐助餐、家政服务、日间照料等服务，以减轻家属照顾老年人的负担，并积极探索医养结合之路；三是对于独居、空巢、孤寡老年人，需要侧重于拓展老年人社会活动内容，如开设长者饭堂，集中就餐，引导参与社区活动、兴趣班学习等；四是对于能自理的健康老年人，需要更多地侧重于满足老年人文化娱乐、康体运动的服务需求。总体而言，经济状况和生活自理能力较差的老年人，对生活照料和心理慰藉等方面的服务需求高；而健康和经济状况好的老年人，对健康服务、文化娱乐和提升

自我兴趣等方面的需求高。

（三）精心服务暖人心，匠心打造医养结合的精品模式

1. 完善石岐居家养老服务中心服务的软硬件建设

石岐区将居家养老服务中心扩建搬迁工程纳入了区十件民生实事之一，并顺利完成了中心场所的扩建和搬迁。根据石岐区老年人的康复保健、休闲学习和文体娱乐等不同需求配置了医疗康复室、日间托养休息室、长者饭堂、阅览室、书画室、舞蹈室、多功能培训室等功能齐全的场室。此外，根据石岐区老年人反映的中心原来场所小、人员配备不足、服务内容单一、覆盖面不广等问题，石岐区在新建中心通过购买服务增加了服务人员，添置了先进的养老康体设施，壮大了居家养老服务队伍，完善了养老服务功能，由单一不专业的服务转向专业多元化的服务，实现了由原来的重点老年人帮扶转变为全区老年人服务全覆盖。同时，新居家养老服务中心将成为石岐区居家养老服务的示范点，并探索建立标准化服务模块，逐步在各社区推广、复制建设社区级的居家养老服务分站，实现辖区居家养老服务硬件的全覆盖。

2. 落实上门家政、送餐助餐两项兜底服务

实现有服务需求的政府兜底重点困难老年人服务100%全覆盖，并逐步扩大服务对象，满足全区有服务需求的老年人。从2013年起，石岐区在全市率先开展了家政上门服务，主要为石岐区经济困难、孤寡等失能老年人提供无偿的家居环境清洁、煮饭洗衣、个人卫生护理、陪同就医、代购生活用品和物品维修等家政服务。2016年8月，石岐区又拓展了“关爱老年人工程”的服务，为石岐区失能半失能、高龄老年人根据经济状况分无偿、低偿、有偿提供家政服务和送餐助餐。特别是政府兜底服务重点困难中有服务需求的老年人，做到服务100%全覆盖。并根据家庭经济情况，通过无偿、低偿、有偿的形式，逐步将服务对象扩大为全区有家政服务和送餐助餐需求的每一个老年人。

3. 拓宽“N”种养老服务内容，满足老年人多样化的养老服务需求

石岐区以新建成的居家养老服务中心为依托，积极拓展日间照料、康复护理和安全援助等多样化服务，全方位为石岐老年人提供休闲学习、康复保健、文体娱乐等医养结合的一体化养老服务体系。在日间照料服务方面，针对老年人的健康情况差异，石岐区采用三种不同方式开设日间照料服务；在康复保健服务方面，针对老年人患病率高，特别是高血压、糖尿病、冠心病、中风、风湿等老年慢性疾病的多发情况，石岐区在新建成的居家养

老服务中心购置了一批医疗保健器材并设置医疗保健室，同时为广大老年人提供康复护理及老年期营养、心理健康等咨询以及上门指导老年人正确执行医嘱，测量体温、脉搏和血压等服务；在安全援助服务方面，石岐区从2012年起为60岁以上本区户籍的老年人免费安装并使用爱心铃，为长者在遇到危急情况时，通过系统平台连接110、119、120紧急求助，并通知其家属。同时还为长者提供就诊预约挂号、煤气配送、粮油代购、天气查询、家政服务、送药上门、卫星定位、电器维修、老年人娱乐等资源链接服务。目前，石岐区有爱心铃用户7600多户，下一步，石岐区还将拓展爱心铃的服务功能及扩大其需求用户使用面，确保应装尽装，全面惠及每一个有需要的老年人。

此外，石岐区还将建立石岐区居家养老服务信息系统，进一步开拓“互联网+”养老服务，同时发展老年服务志愿队，积极动员社区党员、热心人士和低龄健康老年人等志愿者通过结对子、活动探访、生活服务和物资支援等方式无偿为老年人提供多种公益性服务，进一步提高石岐区社区居家养老服务的多元化、专业化、智能化和社会化水平。未来，石岐区将继续以满足老年人美好生活的需要为目标，努力实现“老有所养、老有所依、老有所乐、老有所安”，让石岐老年人更有获得感、幸福感、安全感。

参考文献

[1] 何继新，付美佳. 网格化转型创新:城市社区基层公共服务网络化治理改革逻辑[J]. 理论与现代化，2022(3):65-79.

[2] 钟丽萍. 城市社区老年人体育服务治理创新研究[D]. 长沙:湖南师范大学，2021.

[3] 徐增阳，张磊. 公共服务精准化:城市社区治理机制创新[J]. 华中师范大学学报(人文社会科学版)，2019，58(4):19-27.

[4] 文军. "城市社区治理与服务创新"专题[J]. 人口与社会，2017，33(1):12.

[5] 陈世香，黄冬季. 协同治理:我国城市社区公共文化服务供给机制创新的个案研究[J]. 南通大学学报(社会科学版)，2018(5):120-128.

[6] 汪文革. 城市社区治理中的公民自治与服务创新——以武汉市江岸区百步亭社区志愿服务为例[J]. 上海城市管理，2012，21(6):64-68.

[7] 陶文娜. 中国城市社区治理的现代转型[N]. 中国社会科学报，2022-12-14(6).

[8] 陈家喜，赵怡霈. 党建引领城市社区治理机制的深圳经验[J]. 特区实践与理论，2022(5):68-73.

[9] 燕继荣，张志原. 市民诉求驱动的城市社区治理体系创新——以北京市F街道"接诉即办"实践为例[J]. 中国行政管理，2022(10):54-64.

[10] 张丽新，毛丹. 城市社区微治理的价值延伸[N]. 中国社会科学报，2022-10-12(7).

[11] 严春鹤，安民兵. 城市社区治理现代化的现实困境与推进路径[J]. 安阳工学院学报，2022，21(5):18-21.

[12] 王智强，陈晓莉. 党建引领城市社区治理：实践经验、现实困境与提升路径[J]. 理论导刊，2022(9)：92－97.

[13] 王洁. 城市社区治理中居民主体性的培育路径研究[D]. 重庆：重庆工商大学，2022.

[14] 张立仙. 我国社会工作者介入城市社区公共服务的路径探索[D]. 济南：山东大学，2013.

[15] 张彩云，陈伟东. 我国城市社区居民自治研究[J]. 行政与法，2022(11)：8－20.

[16] 唐晓兵. 城市社区居民自治现实困境与优化探析[J]. 合作经济与科技，2021(14)：168－169.

[17] 胡丽娜. 城市社区自治能力提升研究[D]. 宁波：宁波大学，2020.

[18] 商海生. 社区自治是促进社会和谐的重要途径——城市社区管理模式探讨[J]. 智慧中国，2020(Z1)：114－117.

[19] 丁旭洁. 赋权视角下城市社区自治的路径研究[D]. 武汉：武汉大学，2019.

[20] 熊文瑾. 新时代中国城市社区治理研究综述[J]. 中国井冈山干部学院学报，2022，15(4)：138－144.